MIRIAM MECKEL

W0178264

WIR VERSCHWINDEN

Der Mensch im digitalen Zeitalter

KEIN & ABER

»*We found eyes, but there were no faces left.*«

NEW YORK TIMES, 5. 2. 2013

INHALTSVERZEICHNIS

1. GESPENSTER DER ERINNERUNG

Als ich ein Kind war, habe ich eines meiner Kinderbücher besonders geliebt. Ich konnte nicht genug davon bekommen, das Büchlein immer wieder zu lesen und die Bilder anzuschauen, sogar die Schallplatte hatte ich zu Hause. Es war *Das kleine Gespenst* von Otfried Preußler, und es hat mich durch meine Kindheit begleitet. Ich bin mit ihm durch die Stadt Eulenburg gehuscht, habe die Menschen erschreckt und mit den dreizehn Schlüsseln gerasselt, die jede Tür ohne Berührung öffnen konnten. Und dann habe ich »das kleine Gespenst« im doppelten Sinne aus den Augen verloren: Das Buch landete auf dem Stapel der Kinderbücher, die nun nicht mehr cool waren für ein heranwachsendes Mädchen. Und das kleine Gespenst selbst verschwand in den Tiefen meiner Erinnerung. Irgendwann vor einigen Monaten ist es wieder aufgetaucht und geistert seither durch meine Gedanken als Sinnbild für die Fragen, die jetzt neu gestellt werden müssen: Was ist sichtbar für uns, und was ist unsichtbar? Was sehen wir, wenn wir die Welt und uns selbst darin ansehen, und was sehen wir nicht? Und wissen wir eigentlich, was für uns sichtbar und was unsichtbar ist? Oder werden wir im Verschwimmen von Sichtbarem und Unsichtbarem zu Gespenstern unserer selbst?

Das Faszinierende an der Geschichte war für mich vor allem die Idee, unsichtbar zu sein. Durch die Welt gleiten und alles beobachten zu können, aber dabei selbst den Blicken der anderen verborgen zu bleiben. Ein wunderbarer Gedanke für die kindliche Fantasie, und durchaus auch für die erwachsene ... Unsichtbar zu sein heißt ja zum Beispiel auch, nicht identifizierbar, nicht berechenbar zu sein und nicht zur Verantwortung gezogen werden zu können. Unsichtbar zu sein bedeutet zudem einen Wissensvorsprung: Während ich weiß, wie die Welt aussieht, und aufgrund dieses Wissens mit ihr umgehen kann, weiß die Welt, die mich nicht sehen kann, nichts von mir. Sie kann nicht mit mir umgehen, weil sie nicht einmal weiß, dass es mich gibt. Oder weil sie nur die körperlose, immaterielle Form meiner selbst kennt, die als freundliches, kleines Gespenst oder als bedrohlicher Totengeist durch die Welt geht, aber nicht mehr ist als ein flächiger, brüchiger Entwurf dessen, was einen Menschen ausmacht. Unsichtbar zu sein bedeutet also, einen Wissensvorsprung und -vorteil zu haben, aber auch die Chance, unbeobachtbar und damit von sozialen Bezügen und Kompromissen unabhängig zu sein. Gespenster koppeln sich vom wahren Leben und seinen sozialen Verbindungen ab. Sie sind nur noch fiktive Entwürfe von etwas, das einmal ein Mensch oder eine Person war, so als habe jemand ein Gazetuch über das geworfen, was einmal sichtbar war, um es im Blick der anderen verschwimmen zu lassen.

Nichts anderes machen die Medientechnologien mit uns Menschen. Sie werfen uns eine digitale Gaze aus Millionen von Pixeln, Bits und Bytes über, leicht oder fester verzurrt, und so sehen wir mal so und mal anders aus.

Aber in jedem Fall ist das, was von uns in der Welt erscheint, nicht mehr als ein fiktiver Entwurf. Wir verschwinden aus dem Sichtbaren unserer realen Lebenswelt ins Unsichtbare der multimedialen Überwürfe. Und wir werden dann tatsächlich zu Gespenstern unserer selbst, denn Gespenster bleiben immer nur eine Repräsentation, ein Berührungspunkt des Nicht-Sichtbaren in der auf allumfassende mediale Sichtbarkeit orientierten Welt.

Das hat auch Jacques Derrida im Sinn gehabt, als er 1983 in dem Film *Ghost Dance* über die Gespenster philosophiert hat, die durch neue Technologien und Medien – damals vor allem Fernsehen und Film – geschaffen werden. Seine Filmpartnerin Pascale Ogier fragt ihn, ob er an Gespenster glaube. Daraufhin holt Derrida zu einer improvisierten Abhandlung aus, deren Verlauf niemand kennt und deren einzige Vorgabe ist, dass er am Ende seine Partnerin fragen muss: »Glauben Sie jetzt an Gespenster?« In den Minuten, die zwischen Beginn und Ende der Improvisation liegen, entwickelt Derrida den Gedanken, das Kino sei die Kunstform, die es den Geistern erlaube, zurückzukehren, sodass es immer mehr die Geister sein werden, die uns antworten. Moderne Technologien und Medien, so Derrida weiter, würden, anders als oft angenommen, das Reich der Gespenster nicht beschneiden, sondern ihre Macht erweitern. Sein Monolog mündet in dem Satz: »Die Zukunft gehört den Gespenstern.« Und auf die schlussendlich gestellte Frage, »Glauben Sie jetzt an Gespenster?«, antwortet Pascale Ogier wie unter Hypnose: »Ja, jetzt ja.«

Das Gespräch, das sich noch heute auf YouTube anschauen lässt,[1] fasziniert in seiner Mehrschichtigkeit, die sich aus dem zeitlichen Verlauf ergibt, von der Aufnahme des Films bis zu seiner Rezeption zu verschiedenen Zeitpunkten. Derrida spielt in dem Film sich selbst, für ihn spricht nach seinen Überlegungen schon im Moment der Filmentstehung ein Gespenst, das durch den Film allgegenwärtig in Zeit und Raum, und doch immer nur ein fiktiver Entwurf seiner selbst ist. Das Gespenst bleibt uns erhalten, während der Mensch längst nicht mehr ist. Das Unkörperliche bleibt, das Körperliche vergeht. Und was sehen wir, wenn wir den Film anschauen? Den Menschen Derrida oder das Gespenst, das der Film aus ihm gemacht hat?

Die Frage hat auch Derrida selbst nicht beantworten können. In einem Seminar mit amerikanischen Studenten hat er sich den Film Jahre später noch einmal angesehen. Pascale Ogier war zu dem Zeitpunkt schon verstorben, und Derrida sah sie, ihr Gesicht im Film, nun das Antlitz einer Toten, auf seine Frage antworten, ob sie an Gespenster glaube. »Ja, jetzt ja«, sagt Ogier wieder und wieder, und wird zur gespenstischen Manifestation dessen, was die beiden mit ihrem filmischen Experiment zeigen wollten. Wenn wir heute diesen Film schauen, dann sprechen zwei Gespenster miteinander darüber, dass es die Gespenster sind, die uns künftig Antworten geben, und Derridas Satz hallt wie ein endloses Echo durch die medialen Räume, den Film, das Fernsehen und durch die Datennetze des Internets: »Die Zukunft gehört den Gespenstern.« Denn sie gehört den multimedialen Überwürfen, den changierenden Entwürfen, dem Unsichtbaren.

2. KINDER DER SONNE 2.0

Im Buch *Das kleine Gespenst* gibt es eine Schlüsselszene,
an die ich mich sehr genau erinnere und die für mich
immer den Höhepunkt der Erzählung ausgemacht hat:
Das kleine Gespenst flieht hektisch vor einer lärmenden
Schulklasse, auf der Flucht wird es von einem Sonnenstrahl getroffen und verfärbt sich schwarz. Und ab diesem
Moment ist es für die Menschen sichtbar. Aus Verzweif-
lung und um der Entdeckung zu entgehen, springt das
kleine Gespenst in den Burgbrunnen und gelangt von
dort aus in die Kanalisation der Stadt, in der es sich dann
eine Weile herumtreibt.

Ich hatte diesen Sonnenstrahl vollständig vergessen. Er hatte sich nicht als Ursache für die Verdunklung
des kleinen Gespensts in meine Erinnerung eingebrannt.
Stattdessen habe ich immer gedacht, das kleine Gespenst
sei schmutzig geworden beim Sprung in den Brunnen.
Und der Dreck aus der Kanalisation habe es endgültig
schwarz gemacht, sodass es von nun an für die Welt sichtbar war.

Diese eigentliche Verwandlung des kleinen Gespensts macht die Geschichte für mich heute wieder
spannend. Die Sonne hat das Gespenst schwarz und sichtbar gemacht. Der Mond mit seinem weichen, diffusen

Licht hat es wieder zurückverwandelt in das weißliche, unsichtbare Wesen, das es einmal war. Wir können das heute als Metapher für das Sichtbare und Unsichtbare in unserer Welt verstehen. Die Sonne mit ihren hellen, klaren, zuweilen unerbittlichen Strahlen bringt das zum Vorschein, was wir oft nicht sehen wollen, was aber auch zu unserer Welt gehört. Der Dreck, die Unterwelt, die unschönen Erscheinungen menschlichen Lebens.

Es hilft jedoch nicht allein, dass die Sonne scheint. Wir müssen auch sehen wollen und können. Gegen Indifferenz hilft bekanntlich nicht allein die Sonne, sondern ihre transzendentale Schwester, die Aufklärung. Gegen Ignoranz hilft nichts außer dem eigenen, ganz individuellen Eingeständnis, dass man sich selbst betrogen hat in der Art, wie man die Welt betrachtet und verstanden hat. Die Sonnenstrahlen, die auf das ignorante äußere und innere Auge treffen, sind oft besonders grell und schmerzhaft. Sie erhellen zweierlei: den Missstand und die bewusste Blindheit diesem gegenüber.

Heute bestrahlt die Sonne nicht nur unsere materielle Welt, sondern auch die digitale. Sie leuchtet unser virtuelles Leben radikal aus, Klick für Klick, Bit für Bit, Pixel für Pixel, und wir lassen das zu. Multiple Sonnen sind es, allgegenwärtig und unabhängig von Tages- und Nachtzeiten, die unsere Pfade in der materiellen und digitalen Welt bestrahlen, sodass alle wissen, was wir und andere getan haben, welche Wege zurückgelegt und welche Spuren dabei zurückgelassen wurden. Es sind die Sonnen der Dateninterpreten von Google, Facebook, Amazon, Apple & Co., die uns bescheinen, und es sind die Suchstrahler mit Namen PRISM und TEMPORA, die sich ihrer unter anderem bedienen. Könnten auch wir selbst diesen Strahlen folgen, wüssten wir viel über uns. Allein wissen wir oft nicht einmal, was diese multiplen Sonnen der Ausleuchtung im Digitalen alles mit ihren Strahlen einfangen. Wir leben auch heute, in Analogie zu Immanuel Kant, nicht in einem »aufgeklärten Zeitalter«, wohl aber in einem »Zeitalter der Aufklärung«,[2] allerdings im Vergleich zum 18. Jahrhundert unter radikal veränderten Bedingungen. Denn die Motivation zur Veränderung, zum Austritt aus der selbstverschuldeten digitalen Unmündigkeit, wird nicht nur durch »Faulheit und Feigheit« gehemmt, sondern auch weil alles so bunt und schön ist in dieser digitalen Welt und sie doch tatsächlich zuweilen so scheint, als wäre es die beste, die wir uns wünschen können. Zwischen digitaler Aufklärung und digitaler Verklärung tut sich daher ein unermesslicher Raum auf, der bewusst durchschritten werden müsste, wollten wir seine Ausmaße und seine Gestalt wirklich erkennen.

Auch wir sind heute »Kinder der Sonne«, wie die Menschen im gleichnamigen Theaterstück von Maxim Gorki. Wie Pawel Protassow, der Protagonist in Gorkis Stück, ein Wissenschaftler, erfüllt von Arbeitseifer, Anpassungsfähigkeit und der Begabung, nur die Fragen zu stellen, die das eigens entworfene Wirklichkeitsgerüst nicht ins Wanken bringen können. Er forscht und schreibt und arbeitet, redet und läuft und lebt in einem fort, ohne Ziel und Sinn, gefangen in der Vorfreude auf eine goldene, sonnendurchflutete Zukunft. Protassow möchte eigentlich das Gleiche, was auch Eric Schmidt und Jared Cohen[3] von Google heute wollen: einen edlen und glücklichen, ja perfekten Menschen schaffen.

Derweil droht ihm seine Frau Jelena abhandenzukommen, die einem Künstler – also dem Ausbruch aus der Normalität und den Rückständen von Farbe im Leben – gefährlich nahekommt. Doch Protassow merkt nichts, er ist zu sehr mit der Affirmation seiner selbst und den dazugehörigen Weltentwürfen beschäftigt. Er, Jelena, seine Schwester, der Tierarzt von nebenan, sie alle reden über die Utopie hinweg, die sich draußen, außerhalb der eigenen Wände, kraftvoll in der Zersetzung der gesellschaftlichen Zustände ihren Weg bahnt. Sie reden darüber hinweg, nicht davon. Und doch ist die Verwerfung und Zersetzung da. Sie wäre sichtbar, ausgeleuchtet von den scharfen Strahlen eines sezierenden Lichts, das der Wandel auf das Bestehende wirft, wenn die Akteure einmal vor die Tür treten und hinschauen würden.

So wie die Protagonisten in Gorkis Stück an der Schwelle zur Revolution an Selbstaffirmation, Ignoranz und Denkmüdigkeit scheitern, wie sie die wahre Chance auf das Bessere in der Zukunft verpassen und zerreden, so ergeht es uns heute unter anderen Vorzeichen. Auch das Internet und die Entwicklung der digitalen Technologien haben uns das Bessere versprochen: mehr Partizipation, mehr Demokratie, Wirtschaftswachstum für alle, Freiheit der Information und vieles mehr. Es ist der eine Satz von Stewart Brand, dem Gründer des »Whole Earth Catalogue«, der die mit dem Internet verbundenen Hoffnungen zum Ausdruck bringt: »Information wants to be free.« Den Satz hat Brand übrigens 1984 auf der ersten »Hackers' Conference« in Marine County, Kalifornien, zu Steve Wozniak, einem der Gründer von Apple, gesagt. Aus heutiger Sicht kann man das als kleinen Treppenwitz im

Siegeszug des digitalen Kapitalismus interpretieren. Und er hat im selben Atemzug noch einen weiteren Satz gesagt, den die Protagonisten der digitalen Revolution dann gerne einmal vergessen: »Information wants to be expensive, because it's so valuable.«[4]

Heute ist manche Information längst teuer, aber anders, als die Begründer der digitalen Bewegung sich das vorgestellt haben. Viele Online-Aktivitäten finden nicht mehr im offenen virtuellen Raum, auf der »virtuellen Allmende«, statt.[5] Es sind vielmehr die Gärtner der hübsch umzäunten und streng kuratierten Schrebergärtchen im Netz, wie sie Apple oder Amazon angelegt haben, die für uns den Zugang zu Informationen organisieren. Sie locken uns Nutzer als verträumte Kinder der Sonne 2.0 aus dem einst offenen und freien Netz in ein virtuelles Disneyland. Dort ist alles grün, hübsch, sauber, massentauglich und teuer. Wir können aufatmen, das Denken ausschalten und uns den vorselektierten und irritationsfreien Informationen hingeben, für die wir ja ordentlich bezahlt haben. Und während wir gedankenverloren ein pinkes Kälbchen aus FarmVille streicheln, das seinen Rücken an der Innenseite eines unserer digitalen Gartenzäune reibt, haben wir fast vergessen, was uns das Netz als Utopie einmal versprochen hat. Howard Rheingold hatte sicher etwas anderes im Sinn, als er in seinen Überlegungen zu den »virtuellen Communities« schrieb: »I've been colonized.«[6]

Das alles können wir als Ausformungen einer digitalen Planwirtschaft interpretieren, die durchaus einige koloniale, aber zuweilen sehr wenige aufklärerische Ansätze offenbart. Und damit wäre dann ein zweiter kleiner

Treppenwitz der Ideen- und Entwicklungsgeschichte in der Analogie zwischen Maxim Gorkis Kindern der Sonne und uns Sonnenkindern des digitalen Raums gemacht. Die Hoffnung auf Demokratisierung, gar auf einen neuen »digitalen Sozialismus«[7] war hier wie dort groß, doch es ging damals wie heute eigentlich immer nur um veränderte, aber gleichbleibend wenig demokratische Ausformungen eines Wirtschafts- und Gesellschaftssystems, in dem die Hoffnung auf Veränderung, auf Beteiligung und Demokratisierung schnell wieder verschwindet.

Auch Pandora hat ihre digitale Büchse zu schnell geöffnet und sie gleich verschreckt wieder geschlossen. Alle Probleme, die wir bereits aus dem realen Leben kennen, haben sich auch im Digitalen verbreitet, aber die Hoffnung steckt immer noch in der Büchse. Die Hoffnung stirbt nämlich nicht zuletzt. Sie stirbt oft gleich zu Beginn, weil wir nicht aufs Ende schauen. Weil wir zu schnell das wollen, was in der digitalen Büchse ist, und dann nicht sehen, was noch drin sein könnte, und verschreckt den Deckel drauf machen. Vielleicht schließen wir einfach die Augen vor dieser Tatsache, weil es das Leben leichter macht und uns die Unsinnigkeit unserer weiteren Bemühungen nicht so augenscheinlich wird. Vielleicht wäre wahres Sehen aber auch ein Widerspruch in sich, ganz nach dem Vers aus Römer 8, 24: »Eine Hoffnung aber, die gesehen wird, ist keine Hoffnung. Denn wer hofft, was er sieht?«

3. TOTALE TRANSPARENZ?

»Wo alles gesehen werden kann, bleibt nichts zu hoffen.«
Vielleicht markiert dieses Bibelzitat eines der Kernele-
mente eines Wandels der digitalisierten Zeit, der sich
vom Unsichtbaren zum Sichtbaren, jedoch auch umgekehrt vollzieht. Wir sind deshalb heute Kinder der Sonne,
weil alles ausgeleuchtet wird – von anderen, aber auch
von uns selbst. Wir können mehr beobachten als je zuvor
in dieser Zeit, die mit dem schön klingenden Label der
»Transparenzgesellschaft«[8] versehen wird. Transparenz
ist doch gut, oder? Transparenz heißt, man kann sehen,
was läuft, man hat die Kontrolle, man ist aufgeklärt.
Transparenz versetzt uns alle in die Lage, die Dinge erkennen, benennen und bewerten zu können, die in unserer Welt und unserem Leben geschehen.

Heißt es das? Durchaus! Das hat uns beispielsweise Wiki-
Leaks gezeigt, die Datenplattform, die das veröffentlicht
hat, was andere, vor allem Regierungen und Unternehmen, nicht gerne veröffentlicht sehen wollten. Wer das
Video *Collateral Murder*[9] gesehen hat, das im April 2010
ins Netz gestellt wurde, der erinnert sich, was Transparenz heißt. Zu erfahren, wie brutal, gnadenlos und zy-
nisch der Krieg ist. Das wussten wir zwar vorher schon,

aber es ist doch etwas anderes zu sehen und zu hören, wie die Piloten der US-Helikopter miteinander reden und sich anfeuern, als spielten sie ein Computerspiel, während sie auf Menschen feuern, darunter auf Kinder und Journalisten. Das haben uns unter anderem die geheimen Informationen des Edward Snowden über die Datenabhörskandale der Geheimdienste gezeigt. Slavoj Žižek hat das Phänomen in einem Essay über WikiLeaks als »paradox of public space« beschrieben: »Even if everyone knows an unpleasant fact, saying it in public changes everything.«[10] Zum Guten, Aufklärenden wie zum Schlechten, Entzaubernden.

Wie paradox, ja zuweilen bigott Transparenz daherkommen kann, wenn sie zum Dogma wird, zeigt auch das Beispiel eines weiteren großen Leaks, der »Cablegate«-Veröffentlichungen Ende 2010.[11]

Schauen wir zunächst auf die Motive von Bradley Manning, dem in der Nähe von Bagdad stationierten US-Soldaten, der unter anderem die Datensätze mit den US-Depeschen kopiert hat und nun in den USA zu 35 Jahren Haft verurteilt wurde. In einem Chat mit dem Ex-Hacker Adrian Lamo beschreibt Manning seine Motive: »I want people to see the truth regardless of who they are, because without information, you cannot make informed decisions as a public.«[12] Der Verräter, der sich in dem langen Chat auch als vereinsamte, verlorene Seele zu erkennen gibt, die soziale Sichtbarkeit sucht, hat also durchaus aufklärerische Motive, die ihn schließlich zur Preisgabe der Datensätze bewegen. Seine Bemühung darum, geheime Militärinformationen offenzulegen, um der Öffentlichkeit ein Urteil zu ermöglichen, hat ebenso wenig funktioniert wie sein Wunsch, Anerkennung für sein Tun zu erfahren, nicht in Erfüllung gegangen ist. Der Wunsch nach Sichtbarkeit bringt Strafe.

Schauen wir heute auf die Konsequenzen dieses Kommunikationsgaus in den internationalen Beziehungen der USA zum Rest der Welt, so bleiben erhebliche Zweifel, ob der Anspruch der umfassenden Transparenz, den WikiLeaks als Maßgabe für das eigene Tun formuliert, tatsächlich zum Erfolg führt. Heute wissen wir, dass Geheimdokumente als Folge von »Cablegate« in der Administration besser geschützt werden, dass ihr Kopieren unmöglich gemacht wurde (beispielsweise indem Militärrechner keine USB-Schnittstellen mehr haben), dass in vielen relevanten politischen Beziehungen immer weniger schriftlich festgehalten wird, um die unzulässige Verbreitung zu verhindern (und damit gleichzeitig die Möglichkeit, eventuelle Missstände durch Recherche zu beweisen und darüber aufzuklären). Die Bemühung um Transparenz hat in diesem Fall also zu einem umgekehrt proportionalen Rückschritt in der öffentlichen Legitimation politischen Handelns geführt. Der Wunsch nach totaler Sichtbarkeit bringt Unsichtbarkeit.

Es ist dieses Paradox, das zeigt: Transparenz führt nicht zwangsläufig zu Aufklärung, und Transparenz ist in demokratischen und offenen Gesellschaften nicht unbedingt erwünscht. Womöglich ist das Gegenteil der Fall. Das Dogma der totalen Transparenz, das sich im Zuge der Digitalisierung unserer Informationswelten und unseres Alltagslebens immer weiter in den Vordergrund gerückt hat, ist ein Anspruch auf Kontrolle statt Vertrauen. Wo Menschen vertrauen können, da bedarf es keiner totalen Transparenz, die alles kontrollierbar und in jedem Detail nachvollziehbar macht. Der Anspruch auf totale Transparenz ist ein Mittel der Entzauberung, denn wo alles sichtbar ist, wird die Lebenswelt zum Objekt eines pornografischen Blicks, in dem die Mechanismen und Techniken der Bewegungen von Menschen in- und zueinander analytisch und funktional betrachtet werden. Er ist auch ein Mittel der Systemstabilisierung, nicht der Veränderung oder gar Revolution, denn totale Transparenz führt logisch dazu, dass jedes Verhältnis in ein Gleichgewicht der Kräfte oder Mächte gebracht wird, weil Informationsvorsprünge im total Transparenten nicht mehr existieren können. Die total transparente Gesellschaft ist folglich vor allem eines: totalitär, leer und starr zugleich. Oder wie Byung-Chul Han es formuliert: »Ganz transparent ist nur die Leere.«[13]

Um diese Leere zu füllen, posten, twittern, taggen wir unter dem Gebot des transparenten Lebens, was das Zeug hält. Es gibt Websites, auf denen sich Menschen rund um die Uhr durch eine Webcam beim Leben beobachten und in die Welt übertragen lassen. Es gibt Websites, auf denen ich die Daten meines täglichen, stündlichen, minütlichen Kalorienverbrauchs, meiner nächtlichen Drehungen im Bett, meiner gezählten Schritte und erklommenen Stufen mit denen anderer Menschen vergleichen kann. Es gibt die Aufzeichnungen von etwa 4.5 Millionen Überwachungskameras in der Londoner City, die jeden Menschen, der sich durch die Stadt bewegt, täglich etwa 300-mal erfassen und dokumentieren.[14] Es gibt eine Website, auf der ich die Geschehnisse im Katzenspielzimmer einer Tierarztpraxis im amerikanischen Bundesstaat Georgia über Stunden live verfolgen kann. Und es gibt die vielen Postings auf Facebook, die manchmal nur sagen, dass jemand gerade einen Kaffee trinkt. Manchmal trinkt er auch etwas anderes und das in größeren Mengen, und das Foto davon bleibt leider ein Leben lang im Netz, so wie alles andere auch, was einmal hineingestellt wurde.

Wir können also – unter der Maßgabe der Transparenzgesellschaft, in der wir längst leben – nahezu alles beobachten. Aber was sehen wir wirklich? Vermeintlich alles. Und alles ist nichts. Die Leere, wie Byung-Chul Han sagt. Leere führt zu Erstarrung. Ganz transparent ist nicht nur die Leere, ganz transparent ist auch »das Tote«.[15] Wiederum in doppeltem Sinne. Wenn ein Mensch tot ist, ist ihm die Möglichkeit der Wiederverzauberung seiner Sinne durch das Verborgene, Unsichtbare verschlossen. Aber das, was von ihm bleibt, bleibt ewig in aller Öffentlichkeit. Wir stellen den Status bei Facebook auf »in memoriam« (nachdem wir dafür eine ordentliche Anfrage abgesetzt haben, »please use this form to request the memorialization of a deceased person´s account«[16]), und schon ist der Tote digital balsamiert. Die Transparenzgesellschaft duldet in formaler Hinsicht nicht einmal im Tod eine Sehlücke. Aber im realen Leben duldet sie sehr viele dunkle Stellen, viele Erkenntnislücken, die sich nur schließen lassen, wenn man aus der Komfortzone der Stabilisierungstransparenz hinaus in die Welt tritt, in die Kanalisation eintaucht mit ihren schmutzigen Gängen, dem Unrat und dem aus der Sichtbarkeit Entlassenen. Wir sehen im Digitalen nur die Gespenster. Die Menschen, die sie sind und einmal waren, sehen wir nicht.

Was wäre heute für uns sichtbar, wenn wir vor die Tür treten und hinschauen würden? Eine Krise der Finanzmärkte, eine Krise des Euro und der Staatshaushalte, eine Krise der Europäischen Einigung, eine Krise der Demokratie, ein schrecklicher Bürgerkrieg in Syrien, eine Krise der Teilnahme des Einzelnen an der Gesellschaft, eine Krise der Verantwortung, eine Krise der Unabhängigkeit, eine Krise der Freiheit, eine Krise des Selbstverständnisses der Schweiz. Das klingt wie eine schreckliche Aufzählung, aber was davon ist in unserem Leben und für unser Leben real? Was berührt uns davon wirklich? Wir wissen so vieles darüber, die Informationen sind da, alles ist transparent. Aber was machen wir damit? Wir sehen es und sehen es doch nicht. Und dann nehmen wir es hin.

Sind wir nicht als Kinder der Sonne 2.0 Teil einer »Positivmaschine«,[17] die Denken durch Rechnen ersetzt, Ambiguität durch Zweifelsfreiheit und Aufklärung durch totale Transparenz? Bleibt auch bei uns, anders als bei den Protagonisten in Maxim Gorkis Theaterstück, aber doch ähnlich im Effekt, das Draußen trotz aller Transparenz virtuell? Ein Thema, über das man (hinweg)redet, ohne sich ihm auszusetzen? Sind wir Vertreter der Generation der »Babyboomer«, denen alle Ideen zu Bruch gegangen sind?[18] Hinter denen sich das Garagentor des Einfamilienhauses, digital gesteuert, schließt, nachdem der Wagen eingeparkt wurde, um nur im Inneren des Hauses die Fratze der »American Beauty«, der »Swiss Beauty« oder der »German Beauty« zu offenbaren, aber außerhalb des Garagentors sieht und hört man nichts, und die Nachbarn sind formell beeindruckt, weil nie Gestank aus dem Kanaldeckel strömt?

Unser digitalisiertes Leben ist binär, wie es sich nach dem digitalen Code gehört: Wir sind drin oder draußen, on oder off, und wir laufen nach der Präzision der deterministischen Rechenmaschine, die der Computer ist. Gemäß seiner Logik verwandelt sich die Software unseres Lebens und mit ihr der Mensch als Gattung in eine »autistische Leistungsmaschine«. »Unmöglich wird das *Nachdenken*, denn das Übermaß an Positivität lässt nur *Fortdenken* zu.«[19] Fortdenken können wir vielleicht durch das Synonym Wegdenken ersetzen. Hinfort mit den Gedanken, die das in Frage stellen, was doch für alle ist, weil es für alle sichtbar ist! Wenn das stimmt, sind wir Kinder der Sonne – Kinder der Sonne 2.0. Gefangen im Dogma allumfassender Transparenz und in der Matrix eines ausgeleuchteten, publizierten Lebens, die den wahren Blick auf die wesentlichen Dinge verstellen. Es ist alles sichtbar und doch unsichtbar zugleich.

Denn die Mechanismen unserer veränderten Lebenssoftware verschließen sich unserer Beobachtung. Sie haben keine materiellen Ausprägungen mehr, sie bestehen aus Daten, die im Fluss der Bearbeitung weiterverarbeitet werden oder eben auch nicht. Das Betriebssystem unseres Lebens wird für uns unsichtbar. Inmitten der Transparenzgesellschaft wächst das Unsichtbare, das unser Leben ist. Seine Antriebe, seine Mechanismen, die zugrunde liegenden Interessen und Einflüsse, das Dunkle und Schmutzige des materiellen Lebens zieht sich hinter die klare Oberfläche der totalen Transparenz zurück. Aber *diese* Transparenz ist nicht die, die uns zeigt, was ist, und offenlegt, was möglich wäre. Wir müssen das Sehen neu und anders lernen. Ein Sehen, das nicht nur die Augen öffnet, sondern uns das Erkennen ermöglicht.

4. ABWANDERUNG INS UNSICHTBARE

Alles wird transparent. Die Transparenz als Ausprägung struktureller Macht überzieht unser Leben wie ein engmaschiges digitales Netz, in dem wir uns bewegen können, aber manchmal nur noch nach den Vorgaben derer, die das Netz geknüpft haben, die ihre digitalen Sonnenstrahlen auf uns gerichtet haben, um uns auszuleuchten. Nicht zu erleuchten. Und so erstarren wir in einer Transparenz, die das wahre Sehen verblendet.

Meine These lautet: Unser Leben wird für uns unsichtbar, weil wir immer weniger erkennen können, wie die Regeln, Mechanismen, Prozesse und Infrastrukturen aussehen, die ihm zugrunde liegen. Transparent wird nur die Oberfläche, die Folie, mit der das überzogen ist, was unser Leben eigentlich ausmacht. Sie spiegelt uns im Wortsinne den Schein der Sichtbarkeit vor. Die Digitalisierung aber entmaterialisiert unser Leben, all das Wesentliche, was unter dieser Folie liegt, und lässt es im virtuellen Raum, im globalen Netzwerk verschwinden. Es ist noch da, aber für uns ist vieles davon unbeobachtbar geworden.

Deshalb warten wir vergeblich auf die Revolution, weil wir das Draußen nicht mehr vom Drinnen unterscheiden können, uns selbst nicht mehr vom anderen, das Individuelle nicht mehr vom Gemeinsamen und das Reale nicht mehr vom Virtuellen. Wer die Differenz der Dinge und die seiner selbst zu anderen nicht beobachten kann, der kann auch die Dinge an sich und sich selbst nicht beobachten. Alles verschwindet in einem Netzwerk des Ubiquitären, in dem alles, was war, und alles, was sein wird, immer schon vorhanden ist. Wir können es als Positivmaschine bezeichnen oder als Gesellschaftsmodell der Systemzeit.[20] Letztlich ist das egal, wir sind drin. Wir sind die Kinder der Sonne 2.0 und die kleinen Gespenster unserer selbst. Wir wehen als unsichtbarer Hauch durch die unzähligen Verbindungen dieses allumfassenden Netzwerks. Mit der Kanalisation kommen wir kaum mehr in Berührung.

Und doch hilft es, wenn man mal in den Dreck gefasst hat. Dann weiß man, wie er sich anfühlt, wie er haften bleibt, wie man ihn von einem Ort zum anderen tragen kann. Der virtuelle Dreck scheint sich leichter beseitigen zu lassen als der reale. Aber das könnte ein Trugschluss sein. So wie das Abbild eines Bergs auf einer Karte nie die Erfahrung von Gipfelglück und Höhenschwindel vermitteln kann (»the map is not the territory«[21]), so ist digitaler Dreck oft weniger deutlich erkennbar als der Unrat des realen Lebens. Und so geht es den Menschen, die zumindest einmal die Kanalisation durchstreift haben, anders als denen, die in den Strukturen des Netzes der allumfassenden Transparenz und gleichzeitigen Unsichtbarkeit aufwachsen.

Auch das Sehen kann man nämlich auf ganz verschiedene Weisen verlernen. Im Roman *In hellen Sommernächten* von John Burnside beschreibt das die Protagonistin, die sich zur Aufgabe gemacht hat, Ungesehenes auf Karten zu markieren: »Das Gesehene und Ungesehene offenbaren das Positive und Negative, Form und Schatten, den Schleier und das Verschleierte.«[22] Um nichts anderes geht es im digitalen Leben. Das ist voll von Karten. Karten, die uns die Welt zeigen. Karten, die uns den Weg zeigen. Karten, die uns unsere Wünsche zeigen. Karten, die uns den anderen zeigen. Karten, die uns uns selbst zeigen. Aber wer macht die vielen Karten? Wie kommen die Markierungen in sie hinein? Und was sehen wir wirklich auf ihnen? Erlerntes? Erwünschtes? Reales? »Es gibt zwei Arten des Sehens. Die erste ist die, die wir von Kindesbeinen an lernen, die Art, bei der wir sehen, was wir sehen sollen, und durch die wir uns hinsichtlich der Welt einig werden, indem wir suchen und finden, was, wie uns gesagt wurde, immer schon da war. Doch es gibt noch eine andere Art, und auf die bin ich aus. Es ist die Art, wie wir sehen, wenn wir uns allein in die Welt hinauswagen [...].«[23]

Auf diese zweite Art des Sehens bin auch ich aus. Wie und was sehen wir, wenn wir uns ins Digitale hineinwagen, alleine, ohne uns an die Vorgaben und Beschilderungen der Wegebauer und -lagerer des Digitalen zu halten? Wie müssen wir hinschauen, um überhaupt etwas sehen, womöglich gar anders sehen zu können, als es sich aus oberflächlicher Betrachtung ergibt? Und warum ist das wichtig, vielleicht heute wichtiger denn je?

a. Sich in die Welt einschreiben

Eine der schönsten Erfahrungen des Menschen mit dem Menschen ist es, ihn anhand besonderer Merkmale erkennen und beschreiben zu können. Liebende machen diese Erfahrung besonders ausgeprägt, sie erkennen die Geliebte oder den Geliebten beispielsweise an einem ganz spezifischen Geruch, der nie nur Parfum, sondern immer eine Mischung aus diesem und dem Körpergeruch des anderen ist. Auch wir freuen uns, wenn wir uns gelegentlich selbst wiedererkennen. Wenn ich ein Buch aus dem Regal nehme, das schon lange in meinem Besitz ist, finde ich meistens Notizen darin. Manchmal nur kleine Bleistiftstriche am Rand, an einer Stelle, die ich besonders schön fand, die ich nun nochmals lesen kann, um festzustellen, dass ich immer noch weiß, was mir daran gefiel. Manchmal sind es auch längere Anmerkungen. Und manchmal rutscht ein Teil einer Bordkarte aus dem Buch, wodurch mir gleich wieder einfällt, auf welcher Reise ich das Buch gelesen habe. Und wenn dieser Anknüpfungspunkt gesetzt ist, entfaltet sich eine ganze Serie von Erinnerungen an mich selbst in Situationen, an Orten, mit anderen Menschen, die zu mir gehören. Es sind meine Erinnerungen, und ich weiß, dass ich sie tatsächlich gemacht habe. Ich war in der Situation und an diesem Ort körperlich und geistig anwesend, und die anderen Menschen in meiner Erinnerung waren es auch. Noch gilt es herauszufinden, ob es im digitalen Raum ähnlich zugeht, ob ich mich dort genauso aktiv und klar an etwas Gewesenes und zu mir Gehörendes erinnern kann, zum Beispiel dank eines virtuellen Lesezeichens.

Das größte Hindernis, das mich lange davon abgehalten hat, Bücher auf einem elektronischen Medium zu lesen – dem Kindle oder auch dem iPad –, rührt genau von dieser Erfahrung her. Aus dem Kindle rutscht nie etwas raus, weil ich nichts hineinlegen kann. Ich kann zwar elektronische Eselsohren im Text anbringen und wichtige Sätze aus dem Buch herauskopieren und in eine Zitatesammlung einfügen, aber ich habe kein materiell-örtliches Gefühl zu dem Textauszug. Bei Büchern erinnere ich mich immer, auch nach Jahren, dass der Satz auf einer Seite oben links stand. Beim Kindle oder iPad entfällt dieser örtliche Merker, denn oben links ist immer nur oben, weil es keine linken und rechten Seiten gibt, und außerdem kann der Text, der eben noch oben war, beim nächsten Einschalten des Geräts in die Mitte gerückt sein. Warum das so ist, weiß ich nicht, aber es ist so. Und es macht mir das materiell verortete Erinnern einer Textstelle unmöglich.

Wie oft schreiben wir noch mit der Hand? Es gibt Menschen, die das noch tun, beispielsweise der Historiker Heinrich August Winkler, der gar tausendseitige Werke wie die *Geschichte des Westens* von Hand schreibt. Ich bewundere das, denn ich kann es nicht mehr. Ich schreibe fast nur noch mit dem Computer, ob Laptop, iPad oder iPhone. Selbst Notizen mache ich mir zuweilen digital und speichere sie in einer App mit dem programmatischen Namen »Evernote«. Das macht doch nichts, lässt sich einwenden, der Inhalt ist doch derselbe.

Erinnern Sie sich noch daran, wie Sie schreiben gelernt haben? Schreiben von Hand? In Schreibschrift? Ich glaube, ich erinnere mich noch daran, wie ich mühsam gelernt habe, den Stift zu führen, mit allen Krakeln und Klecksen, die dazugehörten. Unterstützt durch ein Schreibheft, in dem die Linien dreigeteilt waren, damit es leichter war, die Bögen des f, des g oder des h in der richtigen Proportion auszuführen. Das war ein mühsamer Prozess und gelang nicht unbedingt. Ich habe es in der Grundschule (in Deutschland) tatsächlich geschafft, eine einzige ungenügende Bewertung zu bekommen – in Handschrift. Das ist bis heute so geblieben, und meine Mitarbeiter kriegen die Krise, wenn sie handschriftliche Notizen von mir bekommen, schnell dahingeworfen und unleserlich. Aber sie wissen sofort, von wem die Mitteilung kommt.

Wenn ich heute jemanden wirklich erreichen will, dann schreibe ich einen Brief – per Hand. Er ist anders sichtbar als alles, was ich an digitalen Botschaften senden kann. Nicht nur weil er beim Adressaten zwischen den hunderten von Mails und unnützen analogen Postwurfsendungen als Ausnahme der Regel Aufmerksamkeit erzeugen wird. Auch weil ich neben den im eigentlichen Brief enthaltenen Botschaften auch eine unausgesprochene übermittle: Du bist mir wichtig. Ich nehme mir die Zeit, mich hinzusetzen und wirklich darüber nachzudenken, was ich dir sagen möchte, und dann schreibe ich es mit der Hand auf.

Es ist etwas anderes, das geschieht, wenn ich einen handschriftlichen Text verfasse. Es ist die Erschaffung eines Textes, und sie setzt eine bestimmte Reihenfolge voraus: erst denken, dann schreiben. Bei der Textverarbeitung am Computer kann, muss das aber nicht so sein. Copy-and-Paste, das Herumschieben ganzer Absätze, das Verarbeiten von Text ganz im schlechten und falsch interpretierten Sinne des Aufsatzes von Heinrich von Kleist über die Verfertigung der Gedanken beim Sprechen (oder Schreiben), all das geht am Computer.

Es lohnt sich, einmal darüber nachzudenken, was Schreiben mit uns macht. Die Schriftstellerin Sibylle Lewitscharoff sagt, dass alles, »was mittels eines Stifts in vermittelten Zügen niedergeschrieben wird, eine ungleich intensivere körperliche Spur legt, die sich im Gedächtnis einlagern kann, als Wörter und Sätze, die nur durch eine flüchtige Berührung der Tastatur entstehen.«[24] Deshalb sprechen wir vom Schreiben als einer Kulturtechnik, die ebenso wie das Lesen Voraussetzung für viele andere Techniken und Fertigkeiten des Menschen ist. Davon erzählt auch das Wort »begreifen« im Sinne von »verstehen«. Nur wer etwas physisch-materiell wirklich anfassen kann, ist nach Ernst Cassirer auch in der Lage, es zu erfassen. »Alle geistige Bewältigung der Wirklichkeit ist an diesen doppelten Akt des ‹Fassens› gebunden: an das ‹Begreifen› der Wirklichkeit im sprachlich-theoretischen Denken und an ihr ‹Erfassen› durch das Medium des Wirkens; an die gedankliche wie an die technische Formgebung.«[25] Oder wie Sibylle Lewitscharoff es beschreibt: »Texte werden durch die Handschrift regelrecht inkorporiert.«[26] Wir schreiben sie in unsere Körper ein, mit dem Füller, dem Bleistift oder – in der wortsinnigsten Form – durch die Tätowierung.[27]

Darin steckt ein Gedanke, der für die Digitalisierung unseres Lebens in vielfacher Hinsicht bedeutsam ist: Wo wir uns immer mehr vom Materiellen, von der im Wortsinne fassbaren, auch körperlichen Erfahrung trennen, da ändert sich unsere Wahrnehmung. Für das

Schreiben heißt das: Je mehr wir mit und am Computer schreiben, desto loser wird die Beziehung zwischen Begreifen und Verstehen. Und desto standardisierter werden die Oberfläche der Inhalte und der Text, in dessen Struktur eine Idee oder Aussage formal gesetzt wurde. Desto unsichtbarer wird ein Merkmal unseres Ichs – die Handschrift, in der man den einen vom anderen Menschen unterscheiden kann. Wir leben alle in denselben, standardisierten Textrepräsentationen. Es muss mein Name drunter stehen, um anderen zu signalisieren, dass der Text von mir ist. Ohne Garantie natürlich, denn es fiele nicht schwer, Urheberschaft zu faken.

Mit der Digitalisierung unserer Kulturtechniken erleben wir etwas, das der Kommunikationsphilosoph Vilém Flusser schon 1978 als »die kodifizierte Welt« kritisiert hat.[28] Damals ging es natürlich nicht um die Digitalisierung. Es ging um das Bild, das neben den Text und dann vor den Text zu rücken drohte. Flusser sah im Bild die Oberfläche, die auf einen Blick erfasst wird und die komplexen Informationen synchronisiert. Ein Text, den wir lesen, erlaube uns hingegen die diachrone Verarbeitung der Information, und das sei ihrer Komplexität eher angemessen. Diese Kulturkritik Flussers, die zu Zeiten des »Pictorial Turn«,[29] der wachsenden Bedeutung von Bildern in unserer Kultur, entstanden ist, wirkt heute ein wenig aus der Zeit gefallen. Und doch beschreibt sie ein Phänomen, das unter den Bedingungen der Digitalisierung neu aufscheint.

Wo Zeichen des Individuellen, Subjektiven im Zuge der Digitalisierung wegfallen, werden sichtbare menschliche Differenzen in einer Oberfläche des Allgemeinen, des Mainstreams oder der Standardisierung zusammengefasst. Handschrift macht uns als Individuen unterscheidbar. Wir mögen Kleidung derselben In-Marke tragen, dasselbe Laptopmodell unter dem Arm: Wenn wir eine handgeschriebene Notiz hinterlassen, sind wir einzigartig. Der Graphologe hätte daran seine wahre Freude und könnte einige unserer Eigenschaften allein anhand des kleinen Schriftstücks beschreiben und analysieren. Die Handschrift ist ein Ausdruck von Individualität unter vielen. Verschwindet sie, verschwindet diese Ausdrucksform.

Natürlich haben wir viele andere Möglichkeiten, unsere Individualität zum Ausdruck zu bringen. Aber sind diese Ausdrucksformen als Repräsentationen unserer Identität nicht insgesamt einem Wandel unterworfen? Nehmen wir beispielsweise die Verschmelzung der individuellen Situationsbeschreibungen eines Menschen auf einer Benutzeroberfläche wie der Timeline bei Facebook. Das Unternehmen hat sie sukzessive eingeführt, um damit die frühere Pinnwand zu ersetzen. Alles, was wir auf Facebook posten und veröffentlichen, ist nun im selben Standardlayout zu sehen, das individuelle Chaos der persönlichen Postings, wie sie der Begriff »Pinnwand« spiegelt, ist passé. Na und? Es bleiben ja immer noch die individuellen Aussagen, Bilder, Profile. Das stimmt, aber die Timeline wird zur global standardisierten Benutzeroberfläche fürs Ich. Das gab es in der Form bislang nicht.

Wofür steht die Timeline? Und was sagt der Gründer und CEO von Facebook, Mark Zuckerberg, dazu? Diese Timeline ist nicht nur irgendein Ort unter vielen, auf dem wir etwas von uns hinterlassen. Sie ist für manche

Menschen längst ihre digitale Visitenkarte, und für alle anderen soll sie es nach Ansicht von Zuckerberg werden. Der Computerwissenschaftler und Philosoph David Gelernter sieht in der Neuorganisation unserer Informationen im Internet einen »World Stream« aufscheinen, einen einzigen Datenstrom, in dem sich alle unsere Daten vereinigen und im Format vereinheitlichen. In diesem World Stream fließt die Zeit vorwärts und rückwärts, und nichts ist mehr örtlich gebunden.[30] Unser Leben als Datenpunkt einer fließenden globalen Benutzeroberfläche.

Eric Schmidt und Jared Cohen von Google erklären uns, warum das angeblich wichtig ist: »Die Identität wird in Zukunft das wertvollste Gut der Bürger sein, und sie wird vor allem in virtuellen Medien existieren.«[31] Die deutsche Übersetzung mildert den Originalton ein wenig. In der englischen Ausgabe geht es um die »most valuable commodity for citizens«. Das ist etwas anderes als ein abstraktes Gut. Das ist eine Handelsware. Identität ist also offensichtlich nichts mehr, was wir Menschen in einem Leben und über ein Leben ausbilden. Eher ist sie ein Art Rohstoff, und ein Rohstoff kann weiterverarbeitet, veredelt und vermarktet werden. Sie kann »getraded« werden an den internationalen Märkten der Aufmerksamkeitsökonomie. Von uns selbst oder auch von anderen. Beispielsweise kann das auf der Timeline von Facebook geschehen, die ja Ausdruck unserer Identität im Netz sein soll, und zu der Mark Zuckerberg selbst sagt: »Du hast eine Identität im Netz. [...] Mehr als eine Identität zu haben, zeugt von einem Mangel an Integrität.«[32] Auch das ist ein krachender programmatischer Satz, über den man einen Augenblick nachdenken sollte. Wenn Identität ein Rohstoff ist, dann möge er bitte in der Facebook-Veredelung verarbeitet werden. Aber war nicht früher einmal die Rede davon, dass die menschliche Identität ein offenes, facettenreiches, sich wandelndes Konstrukt ist, dass wir uns verändern dürfen, dass niemand in der Lage ist, die Identität eines Menschen auf einen Punkt zu bringen oder umfassend zu beschreiben? Hat der Philosoph und Ökonom Amartya Sen[33] nicht eindrucksvoll beschrieben, dass die einheitliche Identität eine Illusion sei? Eine Illusion, für die wir einen sehr hohen Preis bezahlen müssen?

Die Timeline von Facebook gibt es kostenlos. Doch wir werden einen Preis bezahlen. Den Preis der Entindividualisierung und Entsubjektivierung, den der Repräsentation durch einen US-Konzern, der sich weder um europäische Datenschutzbelange, noch besonders um die Sicherheit der Daten seiner Nutzerinnen und Nutzer sorgt. Wir zahlen den Preis der Standardisierung von Identität, deren Facettenreichtum plötzlich zu einem Mangel umdeklariert wird – einem Mangel an Integrität.

In diesem Netzwerk, unserer tatsächlichen oder zukünftigen Benutzeroberfläche für standardisierte Identitätsanwendungen, sind wir die Kinder der Sonne 2.0. Wir können alles beobachten, was die anderen tun, und alles, was wir tun, ist für jeden in unserer Community sichtbar. Nur uns selbst verlieren wir dabei womöglich aus dem Blick. Was an Dreck an uns klebt, wenn wir wiedermal durch die Kanalisation gerobbt sind, gehört nicht auf Facebook. Dort huscht man lieber als weißgewaschener Geist durchs Netzwerk, geschliffen an Ecken und Kanten, um möglichst wenig virtuellen, geistigen Luftwiderstand zu erzeugen.

b. **Das Leben der anderen**

Der Widerstand kommt immer weniger aus uns selbst, wir brauchen die anderen, um ihn erzeugen zu können. Sie können unsere vielleicht zuweilen verzerrte Ich-Wahrnehmung wieder in einen sozialen Zusammenhang stellen und geraderücken. Sofern ihre Identitäten und Wahrnehmungsweisen nicht denselben unsichtbaren Mechanismen unterliegen wie wir selbst. Aber das könnte in Zeiten der digitalen Interessensgemeinschaften immer öfter so sein.

Das Zauberwort für diese Entwicklung heißt »personalisiertes Internet«. Es begann alles Ende 2009, als Google seinen Suchalgorithmus änderte und von der generalisierten auf die personalisierte Suche umstellte. Wer immer nun etwas im Internet sucht, bekommt individualisierte Ergebnisse. Es sei denn, er nimmt weitreichende Veränderungen an seinen Interneteinstellungen vor, was die meisten Menschen nicht tun, weil sie in der Regel auch gar nicht wissen, wie das geht.

In der personalisierten Suche im Netz werden unsere Suchanfragen mit vorherigen Suchanfragen, Suchergebnissen und mit vielen weiteren Daten, die ansonsten im Internet über alle Nutzerinnen und Nutzer kursieren, kombiniert, ausgewertet, gewichtet und weiterverarbeitet. Jeder bekommt die Suchergebnisse aufgelistet, die am besten zu seinen bisherigen Präferenzen passen. Wenn ich zum Beispiel »Marathon« in die Eingabezeile der Suchmaschine eingebe, dann errechnen die hinterlegten Algorithmen, dass ich nicht nach einer Sportveranstaltung, nicht nach der Stadt in Griechenland, sondern nach einem kleinen 400-Seelen-Dorf im Südwesten von Texas suche. Bei anderen Nutzern wird etwas anderes herauskommen. Auch hier gilt: Es kann hilfreich sein, wenn die Suchmaschine weiß, dass ich bei der Suche nach »Paris, Hilton« ein Hotelzimmer in der französischen Hauptstadt, nicht aber das amerikanische Glamourgirl suche. Doch im Zuge vieler Suchen, die wir im Internet tätigen, entsteht auf diesem Weg ein individuelles Profil eines jeden Menschen, das zum Ansprechpartner der Maschine wird. Wir werden unser Profil.

Und so verändert sich unser Weltbild, weil wir uns zunehmend mit den Dingen beschäftigen, die uns liegen, die wir mögen und die uns deshalb immer wieder von den Algorithmen von Google, Facebook und Co. vorgelegt und empfohlen werden. Unser Weltbild beginnt unter netzbedingter Kurzsichtigkeit zu leiden, die mit der Zeit fortschreitet.[34] Das Internet platziert eine konkave Linse zwischen uns und unserer Welt, die sich synchron zu unserer wachsenden Weltkurzsichtigkeit immer weiter krümmt. Wir werden nur noch mit den Informationen konfrontiert, die zu uns passen und die wir so oder ähnlich schon einmal gesucht haben. Und irgendwann wird die Linse zu einem Spiegel. Dann glauben wir tatsächlich, wir seien das, was uns die Empfehlungssysteme des personalisierten Internets auf Basis von Algorithmen als digitalen Hohlspiegel unserer selbst über Jahre errechnet haben. Wir glauben, unser Profil sei identisch mit uns. Wir sehen uns selbst ja immer klar in diesem Hohlspiegel. Sogar etwas größer als den Rest der Welt.

Unsere Weltkurzsichtigkeit aber ersetzt den Weitblick, der sich aus der glücklichen Zufallsbegegnung ergibt, durch die das Leben, das Handeln oder auch die eigene Einstellung eine Wendung nehmen kann. Wir leben in einer »Filterblase«, wie der Internetaktivist Eli Pariser es nennt.[35] Eine Blase, die aus den für uns vorgefilterten Informationen, Angeboten und Möglichkeiten entsteht, und was immer wir sagen oder tun, es wird den jeweils eigenen Interessen und Vorstellungen entsprechend wie aus einer »Echo-Kammer« auf uns zurückgeworfen.[36] Unsere Welt besteht dann aus ›Ich‹.

Auf diesem Wege verschwindet sukzessive die unerwartete Entdeckung, die durch den glücklichen Zufall möglich wird. Der Zufall wird schlicht aus der Netznutzung herausgerechnet. In der englischen Sprache werden diese menschlichen Zufallsentdeckungen Serendipity genannt.[37] Serendipity tritt zum Beispiel in unser Leben, wenn wir in einem Buchladen plötzlich ein Buch in der Hand haben, das durch seinen Umschlag unsere Aufmerksamkeit geweckt hat, wenn wir eine Zeitungsreportage lesen und plötzlich gefesselt sind, wenn wir einem Menschen begegnen, uns verlieben, obwohl er nicht unseren Idealvorstellungen entspricht. Und Serendipity zeigt sich auch darin, dass wir unbekannten Themen begegnen, die uns zum Beispiel politisch aktiv werden lassen, weil sie uns wichtig erscheinen.

Wenn wir als Menschen diesen Zufall so lieben, warum lassen wir uns dann darauf ein, dass die Algorithmen im Internet ihn konsequent aus unserem Leben herausrechnen? Die Antwort ist: Die Personalisierung in der Vernetzung macht das Leben einfacher, erleichtert den Menschen, ihre bevorzugten Angebote zu nutzen – die Vollendung der Kundenindividualisierung mit digitalen Mitteln. Wenn es dabei um die richtige Joghurt- oder Brillenmarke geht, mag es zu verschmerzen sein, dass die zufällige Auswahl eines anderen Produktes im Zuge der

Personalisierung immer unwahrscheinlicher wird. Wenn es dagegen um politische Informationen geht, ist Skepsis angebracht. Klickt man bei Facebook beispielsweise über einen gewissen Zeitraum nur Status-Updates von Politikern einer bestimmten Partei an, so rechnet der Algorithmus dieses Verhalten in Präferenz um und zeigt die entsprechenden Meldungen auch immer häufiger, während die von Vertretern anderer politischer Richtungen seltener bis gar nicht mehr berücksichtigt werden.

Wer über die dahinterliegenden Mechanismen Bescheid weiß, kann aktiv nach alternativen Informationen suchen. Wer sie nicht kennt, kann dem Glauben verfallen, es gäbe nur noch eine politische Farbe. So kann eine »Schweigespirale 2.0« entstehen, in der Netznutzerinnen und -nutzer dem Eindruck faktisch nicht vorhandener Mehrheitsmeinungen unterliegen, die letztlich nicht mehr sind als ein Rechenergebnis algorithmischer Personalisierung auf Basis eigener Vorlieben. Der ehemalige Google-Chef Eric Schmidt hat die Folgen des personalisierten Internets folgendermaßen auf den Punkt gebracht: »Wir wissen immer, wo du bist. Wir wissen, wo du warst. Wir wissen mehr oder weniger, was du denkst.«[38] Insofern überrascht es nicht mehr, dass Google sich nun darum bemüht, auch die Folgefragen der Nutzer im Suchprozess schon mal vorherzusagen – eine Wendung oder Doppelung in der Suchpersonalisierung, die nicht nur die Antworten, sondern nun auch die Fragen vorberechnet, von der New York Times kommentiert als »Versuch, unsere Gedanken zu lesen«.[39]

Das alles ist praktisch, effizient und manchmal erstaunlich gut. Aber die sozialen Folgen sind mehr als nur unpraktisch. Sie sind ineffizient in einer Gesellschaft, die auf neue Perspektiven, Toleranz und offene Blicke angewiesen ist, und sie sind schlecht für das Gemeinwesen. Es ist müßig, darüber zu spekulieren, wann genau unsere Welt dadurch zu einer anderen wird. Irgendwann wird es geschehen. Wenn der Zufall aus der Welt verschwindet, verschwinden mit ihm die Informationen und Erfahrungen, die das Leben abwechslungsreich machen, die unseren Blick auf etwas Neues lenken und es uns ermöglichen, etwas dazuzulernen und anders über relevante Fragen unseres Lebens nachzudenken. Dann sterben wir als Gemeinschaftswesen irgendwann den virtuellen Tod der Berechenbarkeit. Mit dem personalisierten Internet verkleinern sich nicht nur die Schnittmengen unserer Weltbilder, sondern es bröckelt auch die Utopie der demokratischen Deliberation unter veränderten technischen Voraussetzungen. Der berechnete Mensch kann kaum mehr Bürger sein. Er ist das Produkt einer »Like«-Diktatur, der Diktatur des Allgemeinplatzes Internet, die mit den algorithmischen Empfehlungssystemen auf unseren Computern installiert worden ist, ohne dass wir darüber abgestimmt, gar zugestimmt, ja, ohne dass wir es überhaupt gemerkt hätten. Er ist auch nicht mehr Gemeinwesen, weil die Leben der anderen für ihn ebenso unsichtbar werden wie sein Leben es für die anderen wird. »Like me« hat also eine doppelte Bedeutung: Ich mag, was ich mag, und alles ist das, was ich bin.

Nun lässt sich gegenüber diesem warnenden Zeigefinger, der sich gegen den erhobenen Daumen der Like-Diktatur erhebt, sagen: Wir leben ja – noch – nicht nur im Internet. Es gibt ein Leben diesseits des Bildschirms (manche

Menschen muss man schon heute wiederholt aktiv darauf hinweisen: Realität ist da, wo der Pizzabote herkommt), und dazu gehören zum Beispiel die Informationen, die uns von Menschen gemachte Medien, auch im Internet, zu bieten haben. Sie sind zu einem wesentlichen Teil dem menschlichen Ermessen und Zufallseinflüssen unterworfen. Was als große Auslandsreportage in der *NZZ*, als Aufmacher bei *CNN* oder als Essay im *Spiegel* erscheint, hängt von sehr vielen Zufallsfaktoren ab, von denen das Interesse der einzelnen Journalistinnen und Journalisten nur einer ist.

Doch auch das wird sich ändern. Zunehmend berücksichtigen Medienunternehmen die Vorlieben, Interessen und Bedürfnisse ihrer Kunden. So funktionieren Unternehmen. Es wird dann schwierig, wenn nichts anderes mehr zählt als die Nachfragestatistik, wie es sich beispielsweise im Geschäftsmodell des US-Unternehmens Demand Media zeigt: Dort produzieren bedauernswerte Textfließbandarbeiter, die das Unternehmen euphemistisch als »freiberufliche, unternehmerische Journalisten« führt, Artikel nach Auswertung der Suchanfragen im Netz. Wenn also in einem Moment besonders oft nach »Hammer, Nagel, Wand, Regal« gesucht wird, dann schreibt jemand für Demand Media schnellstens einen Servicetext darüber, wie man ein Regal an die Wand nageln kann. Das ist kein Journalismus? Stimmt. Aber es hat dennoch Zukunft, denn wirtschaftlich scheint es zu funktionieren. Beim Börsengang im Januar 2011 hat die Content Farm Demand Media einen höheren Wert erzielt als die New York Times Company.[40]

Und das ist längst nicht das Ende der Entwicklung. Inzwischen braucht es nicht mal mehr die Fließbandarbeiter des reinen Nachfragejournalismus. Medien werden auch von Algorithmen gemacht, wie die US-Firma Narrative Science eindrucksvoll beweist. Die hochentwickelten Algorithmen von Narrative Science sind in der Lage, Berichte über Börsenentwicklungen, Fußballspiele oder Wahlausgänge zu schreiben. In allen Themen, bei denen es um Zahlen, Statistiken, nach bestimmten Mustern verlaufende Dramaturgien geht, sind die Algorithmen manchmal fast schon besser als der Mensch. Und so versorgt Narrative Science inzwischen auch Medienunternehmen (so beispielsweise den US-Medienkonzern Forbes), bei denen ansonsten Menschen an Inhalten arbeiten, mit ihren Produkten.[41]

Ob der menschliche Journalist irgendwann verschwinden wird, weil Algorithmen billiger und schneller arbeiten, nie beleidigt auf Veränderungen an ihren Texten reagieren und nicht gewerkschaftlich organisiert sind, wissen wir noch nicht. Wir wissen aber zum Beispiel, dass kürzlich ein durch die Algorithmen der Software »Mathgen« produzierter Artikel bei der durchaus renommierten Fachzeitschrift *Advances in pure Mathematics* zur Publikation angenommen wurde.[42] Das könnte ein sehr elaborierter Beleg dafür sein, dass die Zeitschrift ihren Titel programmatisch gewählt hat, denn purere Mathematik als die, die den Menschen aus der Gleichung herausrechnet, gibt wohl nicht. Aber etwas anderes ist natürlich spannender: Hier verschwinden die Grenzen der Unterscheidbarkeit zwischen Mensch und Maschine oder auch Software (dazu später mehr).

Und hier verschwindet auch strukturell das Neue, das Überraschende, Serendipity eben. Die Algorithmen von Narrative Science tun – einfach gesagt – nichts anderes, als das globale Datennetz nach Textbausteinen zu durchforsten. Sie sammeln und werten alles aus, was zur Beschreibung einer ähnlichen Situation wie der aktuellen genutzt wurde. Daraus generieren sie dann einen neuen Text. Es ist zum einen beeindruckend, wie gut das gelingt, zumindest bei Texten, die Ergebnisse oder Ereignisverläufe beschreiben. Der Chef von Narrative Science schaut entsprechend optimistisch in die Zukunft. Er glaubt, es sei nur eine Frage der Zeit, bis auch andere Texte von Maschinen geschrieben werden.[43] Wir warten also auf die erste Algo-Ballade in Heine-Qualität und den ersten Pulitzerpreis, der an die Software geht.

Das wird für die Technophilen ein Triumphmoment, für die Technophoben der letzte Beleg der kulturellen Apokalypse sein. Und zwischen diesen beiden Polen geschieht das, was uns wirklich nachdenklich stimmen sollte. Wenn Algorithmen jetzt das Netz durchstöbern, dann suchen sie in Unmengen menschengemachter Daten, um daraus eine berechnete Maschinenvariante eines Texts mit Neuigkeitswert zu generieren. Wenn wir es mit mehr und mehr maschinengemachten Texten zu tun bekommen, die auch im Netz gespeichert, also Bestandteil des digitalen Archivs werden, auf das die Algorithmen wiederum zugreifen, entsteht ein sich selbst verstärkender Prozess: Die Menge an menschlichen Texten als Quellen der zufälligen, subjektiven Variation wird kleiner, die der durch Software berechneten Texte größer. Irgendwann wird auch die Datenbasis des Internets ihr eigener Status quo. Die Algorithmen pflügen durch eine schier endlose Masse von Textvariationen, aber alles war schon mal da. Nichts Neues kommt mehr dazu. Es ist schwer zu sagen, wie wir uns das vorstellen müssen. Ob wir dann Texte irgendwann wiedererkennen (»Das hatten die doch schon vor Tagen genau so ausgerechnet!«) oder ob auch dieser Prozess unsichtbar vonstattengeht, weil wir uns schlicht irgendwann an die neuen Formen des berechneten Erzählens gewöhnt haben?

c. **Die Gedanken sind frei**

Nicht alles im Netz wird unsichtbar. Manches wird auch sichtbar, ob wir das wollen oder nicht. Das gilt für unsere Profile, unsere persönlichen Daten und Lebensverhältnisse. Das Prinzip hat sich nicht verändert, seit 1991 mit der »Trojan Coffee Cam« die erste Webcam an der Universität Cambridge online ging. Sie zeigte den Füllstand der einzigen Kaffeemaschine im Bereich des Computerlabors und ersparte Wissenschaftlern in weit entfernten Winkeln des Labors vergebliche Wege zum Kaffeenachschub. Heute werden nicht nur Füllstände von Kaffeekannen ins weltweite Netz übertragen, sondern millionenfach die Wetterdaten aus allen Winkeln der Welt, was sich tut in Fitnessstudios, auf Bowlingbahnen und in privaten Wohn- und Schlafzimmern.

Wenn sich nun die Timeline von Facebook so entwickelt, wie das Unternehmen es plant, dokumentiert sie künftig schlicht alles, was alle tun. Und tut sie das nicht, entsteht ein Problem. Kürzlich am Flughafen JFK: Wie immer wartet eine Riesenschlange an der Immigration, einige Fluggäste drohen ihre Anschlussflüge zu verpassen, weil bei einem Einreisenden ein Problem mit dem elektronischen Eintrag gibt. Ein Stimmengewirr entsteht, aus dem man den Immigration Officer immer nur einen Satz sagen hört: »You should be in the computer« – und wenn nicht, dann gibt es dich nicht, und du kommst hier auch nicht rein.

Die Nutzerinnen und Nutzer müssen gar nicht mehr durchgängig selbst aktiv werden, um Informationen zu posten. Unsere Aufenthaltsorte und Tätigkeiten werden nicht mehr nur durch unsere eigenhändig eingestellten Informationen und Fotos ausgeführt, sondern auch halb automatisch mithilfe von Apps, die mitzeichnen, welche Bar wir gerade betreten, welche Musik wir hören, welche Filme wir schauen, was wir gerade lesen, um unsere Freunde daran teilhaben zu lassen. »Frictionless Sharing« nennt sich das in der Fachsprache der Netzunternehmer. Das klingt gut, denn Friktionen sind oft mühsam. Andererseits entsteht nur dort Hitze, wo Reibung ist, wo Zustände nicht immer zueinanderpassen und Aushandlungsprozesse stattfinden müssen. »Kompromiss« nennt man das im politischen Raum, »Erfahrung« im menschlichen Leben. Wir brauchen die Friktionen, die nun in unserem allumfassenden digitalen Miteinander-Teilen genau vermieden werden. Und wir brauchen die Räume, in denen Reibung stattfinden kann, in denen Kompromisse und Lebensmodelle gefunden werden können, ohne dass alle Öffentlichkeit zuschaut. Wir brauchen Momente des Unbeobachtetseins, der Unsichtbarkeit, um mit uns selbst und anderen Menschen aushandeln zu können, wie wir sichtbar sein wollen und was von uns sichtbar sein soll.

In der Transparenzgesellschaft sind diese Räume nicht mehr vorgesehen. Die Phasen unseres Lebens, die wir nicht gerne dokumentiert hätten, werden ganz sicher auch irgendwie in der Timeline verzeichnet sein. Selbst wenn wir sorgsam darauf geachtet haben, keine Informationen über unsere Ausschweifungen bei Facebook zu posten, andere werden schon dafür sorgen, dass es geschieht. Soziale Netzwerke sind transitiv.[44] Wenn A mit B und B mit C verbunden sind, dann ist in der Regel auch A mit C verbunden. Informationen, die ich meinem Facebook-Freundeskreis zur Verfügung stelle, bleiben also mitnichten sicher in diesem Kreis. Sie ziehen weiter durchs Netzwerk. Eine Studie am MIT in Cambridge, USA, hat bereits 2009 gezeigt, dass sich allein aus dem virtuellen Freundeskreis bei Facebook die sexuelle Präferenz einer Person berechnen lässt.[45] Das Netz wird sich allumfassend und unbeschränkt über mich informieren und an mich erinnern, ob ich will oder nicht.

Während wir seit Jahren darüber rätseln, wie wir das digitale Vergessen möglich machen können,[46] um einen Rest an Privatheit zu sichern, geht es bei der Timeline um lebenslanges Erinnern. Während Internetexperten gar über die digitale »Reputationsinsolvenz«[47] nachdenken, um Nachsicht, Toleranz und die Chance auf den Neustart auch ins digitale Leben hinüberzuretten, schaltet Facebook auf totale Transparenz. Lebe so, dass jeder Schritt deines Lebens, alles, was du konsumierst, jeder Gedanke, den du hast, jederzeit für alle sichtbar ist – so lautet das implizite Motto. Die schöne neue Welt eines Lebens mit der virtuellen Schere im Kopf.

Der Philosoph Jeremy Bentham hat die Idee einer weitreichenden, selbstorganisierten Überwachung durch Öffentlichkeit in seinem Konstrukt des »Panopticons« bereits im 18. Jahrhundert entwickelt.[48] Was Bentham sich damals noch als Gebäude vorstellte, als Radialsystem, in dem der Wächter jeden im Gebäude befindlichen Menschen von einem Überwachungsturm in der Mitte aus sehen konnte, kann für die heutige, virtualisierte Form Modell stehen. Das digitale Panopticon entsteht aus der gegenseitigen Beobachtung der Menschen im Netz. Es bedarf keiner Mitte mehr und keines zentralen Wächters. Und doch kann die selbstorganisierte Beobachtung zum Identitätsmainstreaming à la Zuckerberg führen und womöglich gar zu einer digitalen Disziplinargesellschaft, wie sie Michel Foucault in analoger Form vorschwebte.[49]

Erinnern wir uns doch wieder einmal an das Lied auf die Freiheit der Gedanken, das in seiner bekanntesten Version von Hoffmann von Fallersleben 1842 in dessen *Schlesischen Volksliedern* aufgearbeitet wurde. Da heißt es in der ersten Strophe:

> *Die Gedanken sind frei! Wer kann sie erraten?*
> *Sie fliegen vorbei wie nächtliche Schatten.*
> *Kein Mensch kann sie wissen, kein Jäger erschießen*
> *mit Pulver und Blei: Die Gedanken sind frei!*

Künftig brauchen wir nicht einmal mehr Pulver und Blei ins Feld zu führen, um unsere Gedanken außer Gefecht zu setzen, die digitale Technik mit ihren Algorithmen reicht aus. Die sortieren unsere im Netz geäußerten Gedanken schlicht nach Mustern, die uns einer Gruppe zuordnen: den Katzen- oder Hundeliebhabern, den Krimi- oder Sachbuchlesern, den Unverdächtigen oder Verdächtigen. Wie dabei der Generalverdacht die Unschuldsvermutung ersetzt, zeigt der durch Edward Snowden ausgelöste Skandal um die umfassende Datenabsaugung und -auswertung der Geheimdienste in den USA und in Großbritannien, der im Juni 2013 öffentlich geworden ist. Im ersten Schritt werden die Daten gesammelt, im zweiten werden sie nach verdächtigen Hinweisen durchforstet. Das war einmal anders. Da brauchte man einen richterlichen Beschluss, um auf Daten zugreifen, zum Beispiel Telefone abhören zu können. Doch in Zeiten von Big Data ändern sich sogar die Grundvoraussetzungen einer freiheitlich-demokratischen Gesellschaft. In der digitalen Zeit sind die Systemeinstellungen einiger politischer Systeme längst auf totale Überwachung als »default« gesetzt worden. Das geschieht für die meisten Menschen im Unsichtbaren, und so soll es auch sein. Denn im Schutz der unübersichtlichen Datentransfers und der umfassenden digitalen Datenspeicherung lassen sich die Grundwerte elegant lockern, ohne dass die betroffenen Menschen dies merken müssen.

Im Herbst 2011 hat über Deutschland hinaus eine andere Entdeckung für große Aufregung gesorgt: der »Staatstrojaner«. Dabei handelt es sich um eine Überwachungssoftware, die im Rahmen der Kriminalitätsbekämpfung unbemerkt auf einen weiteren Computer übertragen werden kann, beispielsweise am Zoll, um diesen Computer extern überwachen zu können. Wir müssen nicht grundsätzlich darüber streiten, dass es ein legitimes staatliches Interesse geben kann, zugunsten der Sicherheit der Bürger Überwachungsmaßnahmen anzuordnen. Die Frage ist: Unter welchen – engen – rechtlichen Bedingungen geschieht dies und wer kontrolliert das Ganze? Das Beispiel des Staatstrojaners hat gezeigt: Beides weiß niemand so genau, zumindest nicht der deutsche Innenminister, der eigentlich zuständig gewesen wäre.

Geschehen ist Folgendes: Der bei einem Verdächtigen installierte Staatstrojaner hatte mehr Funktionen, als eigentlich verfassungsrechtlich erlaubt ist. Das hat die größte europäische Hackervereinigung, der Chaos Computer Club, nachgewiesen. Unter anderem ließ es die Software zu, dass weitere Überwachungsmodule auf den Computer installiert wurden. Fehler im System führten dazu, dass der Rechner durch Hacker ferngesteuert und manipuliert werden konnte. Zu all dem gehört beispielsweise auch, dass die Überwachungssoftware Screenshots machen und überspielen kann. Und hier wird es spannend: Nehmen wir mal an, ich schreibe eine E-Mail, in der ich einem anderen Menschen drohe, ihn umzubringen. Schicke ich die E-Mail ab, wird daraus ein Tatbestand der Bedrohung. Lösche ich sie aber, bevor ich auf »Senden« geklickt habe, sieht das anders aus. In diesem kleinen Zwischenraum zwischen Absicht und Vollendung liegt die Freiheit der Gedanken, der menschliche Erprobungsraum, in dem etwas gedacht werden kann, das doch nicht umgesetzt wird. Die Überwachungssoftware, also der Staatstrojaner, kann genau in diesem Augenblick einen Screenshot vom Bildschirm machen. Dadurch verwandelt er einen Gedanken in ein manifestes Dokument. Die Gedanken sind frei? Nicht mehr, wenn sie ausgelesen, dokumentiert und weiterverbreitet werden können. Sie sind dann vielleicht auch irgendwann nicht mehr straffrei. Dann sind wir wirklich nicht mehr weit weg vom »Thoughtcrime«, das George Orwell in seinem Roman 1984 beschreibt.

d. **Die Mensch-Maschine**

Es werden also nicht in erster Linie die sichtbaren Veränderungen unseres Lebens im Zuge der Digitalisierung
ans Licht der Öffentlichkeit gezerrt, obwohl sie nicht dort
hingehören. Es sind vielmehr die unsichtbaren Veränderungen, die den wesentlichen Unterschied machen. Das,
was wir nicht sehen, nicht beobachten, nicht begreifen
können, obwohl wir doch ständig das Wort Transparenz
im Munde führen. Was wir beobachten und besprechen
können, wird gut. Was wir nicht beobachten können,
können wir nicht besprechen, es *wird* einfach.

Der letzte Schritt in der bislang aufgezeigten Stufen-
entwicklung, beginnend mit dem Dogma der totalen
Transparenz, hinter der das Eigentliche verschwindet,
über die Möglichkeiten der umfassenden Datenspeicherung und -analyse, auf deren Basis das Netz im Schutze
der Virtualität alles dokumentiert, unser Verhalten und
Denken analysiert und voraussagen kann, ist die direkte
Verbindung unseres Denkens mit dem Computer. Auch
auf das menschliche Denken soll nun bald die Maschine
Zugriff bekommen.

Die Google-Brille »Google Glass« ist ein erster Schritt in
diese Richtung. Mit der Brille auf der Nase werden uns
Informationen aus dem Internet ins Blickfeld projiziert.
Das menschlichen Sehen gilt noch immer als die wich-
tigste Sinneswahrnehmung zur Unterscheidung von real/
nicht real. »Ich habe das doch mit eigenen Augen gesehen«, sagen wir, wenn wir sicher sind, dass etwas ist, wie
es ist. Mit der Google-Brille sehen wir auch mit eigenen
Augen, was nicht in der Welt ist, oder, besser gesagt,

was in der virtuellen Welt ist. Natürlich tun wir das auch, wenn wir einen Computer oder ein Smartphone benutzen, um ins Netz zu gehen. Aber dabei sehen wir die Schnittstelle, das Interface vor uns und müssen es bedienen, müssen also einen Zwischenschritt einlegen, um die virtuelle Welt zu betreten. Mit der Brille wird das anders. Sie lässt sich durch Sprachbefehle steuern und projiziert uns die Informationen aus dem Netz direkt ins Blickfeld, aber der Übertragungsprozess ist weder für uns noch für andere sichtbar. Die Diskussion um die Probleme, die diese Brille für die Privatsphäre des Individuums bedeuten kann,[50] ist nur ein Aspekt im Verschwinden von Sichtbarkeit.

Stellen wir uns folgende Situation vor: Ich betrete eine Bar, um einen schönen Abend zu verbringen und vielleicht jemanden kennenzulernen. Ohne Google-Brille muss ich mich auf den direkten persönlichen Kontakt einlassen, um etwas von einem anderen Menschen zu erfahren. Wir sprechen miteinander, ich bekomme viele Signale, die mich unvorbereitet, vielleicht sogar unvoreingenommen erreichen: die Stimme, die Mimik, das Aussehen, worüber der andere spricht, und vieles mehr. Habe ich die Google-Brille auf der Nase, entwickelt sich die Situation womöglich anders. Aus dem Internet werden alle Informationen in meinen Blick projiziert, die im Netz über die andere Person verfügbar sind. Ich komme dann nicht umhin, mir ein Urteil über den anderen zu bilden, ohne dass er oder sie die Chance hätte, dieses Urteil mit mir in einem Kommunikationsprozess gemeinsam zu entwickeln. Aus den Informationen im Netz kann ein Vorurteil entstehen, das mich hindern kann, mich überhaupt auf ein Gespräch und einen intensiveren Kontakt einzulassen. Hätte ich das aber getan, wären mir die Informationen, die womöglich gegen die andere Person und intensiveren Kontakt mit ihr sprechen, vielleicht egal gewesen, weil mich andere Eindrücke fasziniert hätten. Und vielleicht hätten diese Informationen auch schlicht nicht gestimmt.

Solange die Google-Brille neu ist, denken wir vielleicht darüber nach. Irgendwann haben wir uns an die Brille und die dauernde Informationsversorgung aus dem Internet als Teil unseres Weltbildes gewöhnt. Sie wird zum Normalfall. Der Prozess der Vorversorgung mit Informationen, der zur Vorbeurteilung von Menschen und Situationen führen kann, wird für mich unsichtbar, weil ich mir zwar immer noch bewusst ein Urteil bilde, aber zunehmend auf Grund von Einflüssen, die für mich nicht mehr wahrnehmbar sind. Und für den anderen Menschen gilt dasselbe: Er weiß nicht, welche Informationen ich auf meine Brille bekomme. Sie sind für ihn ebenfalls unsichtbar. Und so verschwindet für uns beide sukzessive eine schöne Möglichkeit, sich vom Leben überraschen zu lassen, indem wir nur noch auf die Menschen zugehen, die uns »ausgerechnet« passen.

Das Unternehmen IBM hat Ende 2011 die Prognose verbreitet, dass »Gedankenlesen nicht länger Science-Fiction« ist.[51] Die Entwicklung des personalisierten Internets geht bereits in diese Richtung. Erinnern Sie sich an das Zitat von Eric Schmidt? »Wir wissen immer, wo du bist. Wir wissen, wo du warst. Wir wissen mehr oder weniger, was du denkst.«[52] Aber damit die Algorithmen von Google&Co. unsere Präferenzen berechnen oder gar vorhersagen können, müssen wir immer noch Informationen über eine externe Schnittstelle in den Computer eingeben, über eine Tastatur, einen Touchscreen oder im Versuch einer verbalen Aufforderung an SIRI, das digitale Helferlein von Apple. Wir werden in den kommenden Jahren anderes erleben. Durch Hirnimplantate wird die Schnittstelle zwischen Körper und Maschine, zwischen Realem und Virtuellem wegfallen. Sie wird von der Außen- in unsere eigene Innenwelt wandern. Und damit wird sie unsichtbar.

Solche Erfahrungen machen ansatzweise heute schon Menschen, bei denen über einen »Hirnschrittmacher« die Linderung der Symptome einer Parkinsonerkrankung ermöglicht werden kann. Sie erleben sich sozusagen in zwei Bewusstseinszuständen, zwischen denen sie hin- und herschalten können. Ist der Schrittmacher eingeschaltet, geht das Zittern zurück, aber der Patient leidet unter Sprachstörungen und einer veränderten Stimmlage. Ist er ausgeschaltet, zittert der Patient, aber hört sich vollkommen normal sprechen. Während der Zeit, »in denen wir das Gerät abgeschaltet hatten, war mir, als ob in meinem Kopf ein PC eingeschaltet wurde, dessen Brummen und Klicken mir verhießen, dass mein Gehirn arbeitete«, so beschreibt der Autor Helmut Dubiel diese Paradoxie in seinem Buch *Tief im Hirn*.[53]

Ein anderes eindrucksvolles Beispiel hat die Zusammenarbeit von Forschern an der Brown University in Rhode Island, USA und dem Deutschen Zentrum für Luft- und Raumfahrt hervorgebracht. Mit einem Computerimplantat ins Hirn haben die Wissenschaftler es querschnittsgelähmten Menschen ermöglicht, mittels Gedanken einen Roboterarm zu steuern, mit dem sie dann beispielsweise ein Getränk greifen, zum Mund führen und ohne fremde menschliche Hilfe trinken können.[54] Die Maschine und ihre Koppelung an das menschliche Gehirn erlaubt es den Versuchsteilnehmern, einen Teil der menschlichen Autonomie zurückzugewinnen, der in der körperlichen Bewegungsfreiheit liegt. In der direkten Verbindung von menschlichem Hirn und Computer- und Robotertechnologie liegt ein riesiges Potenzial, bei dessen Nutzung wir noch ganz am Anfang stehen.

Es wird bald mehr Anwendungsbereiche geben als in der Medizin. Wir brauchen zukünftig kein Telefon mehr in die Hand zu nehmen und keinen Knopf mehr zu drücken, um mit einem anderen Menschen in Kontakt zu treten. IBM sagt dazu: »Du musst nur daran denken, jemanden anzurufen, und schon passiert es.«[55] Tatsächlich gibt es auch hier bereits Einsatzbereiche, die uns zeigen, wohin die Reise gehen wird. In der Computerspiele-Industrie wird intensiv an dieser Entwicklung gearbeitet, und längst gibt es Spiele, die sich über ein mit Elektroden ausgestattetes Headset steuern lassen. Das Headset übersetzt die gescannten Hirnwellen in digitale Signale, und schon bewegt sich das Männlein oder der Ball auf dem Bildschirm.[56] Dieselbe Technik kann genutzt werden, um über EEG-Signale zu entschlüsseln, an welche Buchstaben ein Mensch denkt, sodass das Gehirn zur »mentalen Schreibmaschine« wird, dessen Signale der Computer umsetzt[57] – ich denke einen Brief oder eine E-Mail, so soll die Zukunft aussehen. Weltweit arbeiten etwa zweihundert Forscherteams an diesen Technologien, die nicht nur enorm lukrative Geschäftsmodelle bereithalten, sondern unsere Kommunikation in Zukunft drastisch verändern können.

Und irgendwann folgt dann vermutlich auch der letzte Schritt: die Verbindung unserer Gehirne zu einem neuronalen Netzwerk. Wer jetzt mit Kopfschütteln denkt, wir geraten vollends in den Bereich der Science-Fiction, dem sei das kürzlich durchgeführte Experiment mit Ratten in den USA und Brasilien ans Herz, oder besser: ans Hirn gelegt. Einem Forscherteam der Duke University und eines brasilianischen Labors gelang es, zwei Rattenhirne zu einer Computereinheit zu verbinden.[58] Beide Rattenhirne waren über implantierte Mikroelektroden und das Internet miteinander verbunden. Die eine Ratte im US-Labor musste nun lernen, auf den richtigen von zwei Schaltern zu drücken, der durch ein aufleuchtendes Licht markiert wurde, um damit eine Ration Wasser freizusetzen. Die Hirnsignale der Ratte wurden digital kodiert und über das Internet in das Gehirn der anderen Ratte im brasilianischen Labor übertragen. Die sah sich derselben Versuchsanordnung gegenüber, aber es gab kein Lichtsignal, das den richtigen Schalter markierte, mit dem die Ratte an ihre Portion Wasser gelangen konnte. Trotzdem wählte sie richtig. Die Informationen stammten also aus den Hirnsignalen der ersten Ratten, mehrere tausend Kilometer entfernt. Zweifellos ist das menschliche Gehirn nicht mit dem einer Ratte vergleichbar. Dennoch dürfen wir anhand dieses Versuchs neu zu denken beginnen.

Was bedeutet es, wenn die Gedanken nicht mehr durch einen Zwischenakt »materialisiert« werden müssen, sondern direkt durch den Computer und die entsprechende Software ausgelesen werden können oder unsere Gehirne gar direkt mit dem globalen Netz verbunden sind? Vermutlich ist das dann eine sehr viel direktere Kommunikation, als wir sie bislang kennen. Das kann praktisch und sehr bequem sein. Man darf immer den Stift vergessen, weil die Notizen gleich in »Evernote« hineingedacht werden können. Man muss nur denken »nicht schon wieder der«, um die Kommunikationsanfrage eines anderen Menschen auf einen »virtuellen Anrufbeantworter« umzuleiten. Aber es heißt auch, dass die Schutzzone des bislang notwendigen Zwischenschritts entfällt. Heute denke ich zuerst, dann muss ich die nächste Aktivitätsstufe zünden, um den Gedanken anderen Menschen oder der Öffentlichkeit mitzuteilen. Ich muss schlicht den Mund aufmachen und den Gedanken formulieren. Welche Probleme es manchmal mit sich bringt, wenn der Zeitraum zwischen Denken und Veröffentlichen immer kürzer wird, haben manche Twitter-Nutzer bereits erfahren. Ein zu schnell geposteter Tweet hat schon Freundschaften, Lieben und politische Karrieren beendet.

Wenn wir künftig direkt unsere Gedanken austauschen, reduziert sich die Schutzzone gegen Null. Der Zwischenschritt zwischen Denken und Sagen fällt weg, und damit auch die Bedenkzeit, die sich heute noch durch einen mehrstufigen Prozess zwischen Idee und Umsetzung, Denken und Handeln ergibt. An der Verkürzung dieses Prozesses wird bereits fieberhaft gearbeitet. Demnächst sollen beispielsweise »Passthoughts« die vielen Passwörter ersetzen, die wir brauchen, um unsere Zugänge zur digitalen Welt zu verwalten.[59] Auch das mag sehr praktisch sein, aber wie stellen wir sicher, dass diese Passthoughts nicht noch leichter auszulesen sind als die herkömmlichen Passwörter? Manchmal sind wir Menschen ja nicht so kreativ. Die beiden meistgenutzten Passwörter (in englischer Sprache) waren 2012 »password«

und »123456«.[60] Ob das Gehirn sich Schlaueres ausdenkt, wenn es direkt mit der Maschine verbunden ist? Ich habe meine Zweifel.

In der zunehmenden Hybridisierung des Menschen durch die Verbindung von Maschine und Körper, Technik und Geist liegt also etwas versteckt, das wir als den Verlust der Sichtbarkeit und damit der Unterscheidbarkeit beschreiben können. Vielleicht liegen damit sogar die Protagonisten der Künstlichen Intelligenz falsch. Sie haben immer darauf gesetzt, dass es irgendwann gelingen wird, das menschliche Gehirn in der Maschine zu replizieren. Aber wenn Computer immer schneller und leistungsfähiger werden, ist es nicht mehr länger die tatsächliche Nachbildung menschlicher Intelligenz in der Maschine, die entscheidend ist. Sie ist schlicht nicht mehr notwendig. Denn der Unterschied zwischen menschlicher und Maschinenintelligenz wird für den Menschen unbeobachtbar. Und damit ist er faktisch nicht mehr existent. Der Computer muss also nicht menschengleich werden. Es reicht, wenn er uns so erscheint, damit wir ihn menschengleich behandeln.

5. AUSBLICK – SEHEN WIR NOCH WAS?

Da stehen wir nun, wir Kinder der Sonne 2.0 – bestrahlt und ausgeleuchtet und immer im Schein totaler Transparenz. Und doch sehen wir immer weniger. Unsere Lebens- und Verhaltensformen kehren sich um, so wie die Schriftstellerin Marlene Streeruwitz es in ihrem in der analogen Welt spielenden und doch sehr digitalen Roman *Die Schmerzmacherin* beschrieben hat: »Real life drama«, sagte sie. »Real life adventures. Und für die. Da braucht man eben diese camouflage. Invisibility.« Nur wenn man unsichtbar sei, könne man als Operator einen guten Job machen.[61] So ist es heute: Die wahren Eingreiftruppen sind unsichtbar. Es sind auch oft keine Menschen mehr, es sind Datensätze, die durch Algorithmen ausgewertet werden.

Und manchmal sind es auch Menschen, die im Schatten des Unsichtbaren mithilfe der Computertechnologie agieren können, unbehelligt von sichtbaren Folgen, von der unmittelbaren Erfahrung der Wirkungen des eigenen Tuns. Der *Economist* berichtete unter der Überschrift »Die Moral und die Maschinen« ausführlich darüber, wie Geheimdienste in aller Welt mit allen möglichen Varianten von Robotern aufrüsten, die sich zu Land, zu Wasser und in der Luft einsetzen lassen.[62] Der Bericht fragt unter anderem, ob Maschinenkriege eigentlich durch geltende Militärgesetze abgedeckt sind, ob wir Menschen nicht längst aufgegeben haben, die Maschine zu kontrollieren, um uns stattdessen mit einem einfachen Monitoring zufriedenzugeben (auch weil die Komplexität der Prozesse die menschlichen Möglichkeiten der direkten Kontrolle zuweilen längst übersteigt), und ob man eigentlich Menschen überhaupt noch für militärische Angriffe zur Verantwortung ziehen kann, die im Wesentlichen durch immer autonomere Maschinen ausgeführt werden.

Wollen wir diese wichtigen, aber auch abstrakten Fragen in ein konkretes Beispiel übersetzen, so hilft dabei der Augenzeugenbericht zu einem US-amerikanischen Drohnenangriff am 23. Januar 2013 im Jemen, bei dem östlich der Hauptstadt Sana auch zwei Zivilisten getötet wurden. »We found eyes, but there were no faces left«[63], sagt ein Bekannter der beiden jungen Opfer.[64] Jenseits des Schreckens, den dieser Satz als Bild vor unserem inneren Auge hervorruft, ist er vielleicht paradigmatisch für das, was im Zeitalter der totalen Transparenz und der gleichzeitigen neuen Unsichtbarkeit geschieht. Es sind die Augen, die übrig bleiben. Das direkte, biologisch-mechanische Sehen, das gibt es noch. Aber es ist nicht mehr eingebettet in ein Gesicht, in die individuelle, ganz einzigartige Form eines jeden Menschen, mit der er der Welt entgegentritt und durch die er von und in der Welt erkannt wird. Es ist das sezierte Sehen, das bleibt. Die Augen, getrennt vom Menschen, starren leblos in die überstrahlte digitale Welt, aber sie sehen nichts.

Wir warten als Kinder der Sonne 2.0 also auf die Revolution? Da können wir lange warten. Wir sehen ja nichts. Nicht das, was mit uns geschieht, und nicht das, was mit anderen geschieht. Die perfideste Form von Imperialismus ist vielleicht die, die wir gar nicht bemerken, weil wir glauben, sie zu wollen. Weil wir selbst dazu beitragen, dass sie greifen kann in unserem Leben, unserer Gesellschaft, unserer Welt. Die, die unsichtbar daherkommt, weil sie so unglaublich angenehm und bequem ist und uns von den Anstrengungen der Freiheit im Leben und Entscheiden enthebt und erleichtert. Das ist er vielleicht, der unsichtbare digitale Imperialismus: Er drängt uns ganz sanft und unmerklich in unsere individuellen Präferenzgehege der digitalen Datenstromlinienförmigkeit zurück. In denen machen wir es uns bequem. Weil wir nicht mehr sehen, was anderes möglich wäre. Weil wir nicht einmal mehr die Mechanismen beobachten und verstehen können, mit denen dies geschieht.

In Wim Wenders Film *Der Himmel über Berlin* sitzen die beiden Engel Damiel und Cassiel im Auto und tauschen sich in einem kurzen Dialog über ihre Existenz aus. Damiel, gespielt von Bruno Ganz, sagt: »Es ist herrlich, nur geistig zu leben und Tag für Tag für die Ewigkeit vor den Leuten rein, was geistig ist, zu bezeugen.« Und dann fügt er an: »Aber manchmal wird mir meine ewige Geistesexistenz zu viel. Ich möchte nicht mehr so ewig drüberschweben. Ich möchte ein Gewicht an mir spüren, das die Grenzenlosigkeit an mir aufhebt und mich erdfest macht.«

Ein wenig Erdfestigkeit könnte uns wieder guttun. Ein paar Eindrücke davon, was draußen passiert, hinter den Hohlspiegeln des personalisierten Internets. Jenseits der totalen Transparenz mit ihrer Tendenz zum Mainstreaming, zur Anpassung an uns selbst, ja zur Gleichschaltung. An den Schnittstellen, an denen Materie auf Geist trifft, in der Realität ebenso wie in der Virtualität. Das täte uns gut.

Das wäre auch nötig, um wiederzuerkennen, was mit uns in diesen Veränderungen, dem Verschwinden von Teilen unserer materiellen Welt und unseres Lebens ins Digitale und damit Unbeobachtbare, geschieht. Die Markierung von Differenz, von einem »Unterschied, der einen Unterschied macht«, wie es der britische Anthropologe Gregory Bateson beschrieben hat,[65] ist Voraussetzung dafür, dass wir uns beschreiben und erkennen können. Sie ist Voraussetzung dafür, dass wir auch in Zeiten der umfassenden Digitalisierung zwischen dem Realen und dem Virtuellen, der Lebensmaterie und dem Lebensnetzwerk unterscheiden können (oder dies nicht mehr tun, weil wir es nicht mehr *wollen*, was dann aber eine bewusste Entscheidung wäre).

Die Markierung dieser Differenz zwischen dem Materiellen und dem Virtuellen gelingt bislang noch durch eine externe, sichtbare technische Schnittstelle, zum Beispiel das iPhone oder den Computer, die wir in die Hand nehmen, ja handhaben müssen, um Zugang zu der anderen, der digitalen Welt zu erhalten. Aber auch diese Schnittstelle verschwindet. Und mit ihr verschwindet das Wissen, wann wir hier oder dort, analog oder digital oder auch beides gleichzeitig sind. Es verschwindet sukzessive auch unsere Kenntnis darüber, welche einflussreichen Entscheidungen für uns getroffen wurden, um die digitalen Welten und ihre Strukturen zu schaffen, in die wir ganz barrierefrei hineingleiten. Wer die Zugänge, die unsichtbaren Eingangspforten zu den virtuellen Welten überwacht und steuert und aus welchem Interesse und mit welchem Ziel. Und damit entschwindet unsere Möglichkeit, frei zu entscheiden, was wir von dieser Welt wollen und was nicht. Denn wenn wir nicht *unter*scheiden können, weil wir die Alternativen nicht mehr kennen, dann können wir auch nicht mehr *ent*scheiden.

Es liegt eine Menge Lebensqualität darin, die Welt sehen und verstehen zu können, und dabei geht es nicht darum, dass die Signalverarbeitung der Sehnerven richtig funktioniert. Sehen meint hier vielmehr das wahrhafte Erkennen der Menschen und Dinge in dieser Welt. Auch unsere soziale Sichtbarkeit unterscheidet sich in der realen und der virtuellen Welt. Im Realen baut sich soziale Wahrnehmung langsam über die Zeit in einem sozialen Aushandlungsprozess auf. Im Virtuellen sind die Wahrnehmungsausschläge oft schnell und heftig, doch ebenso schnell sind sie wieder vorüber und zeigen selten dauerhafte Wirkung. Weil die soziale Anerkennung, mit der wir Personen eine soziale Geltungsbedeutung zukommen lassen, auf Medien angewiesen ist,[66] unterliegt sie in diesem Prozess heftigen Schwankungen. Sie kann exzessiv positiv, aber auch exzessiv negativ sein. Und man kann sich nicht mehr auf sie verlassen, weil sie im Zeitalter von Shitstorms und Flashmobs auch, zumindest kurzfristig, manipulierbar geworden ist.

Was das bedeutet, hat Ralph Ellison in seinem Roman *Der unsichtbare Mann* eindrucksvoll dargelegt. In dem 1952 im Original erschienenen Text skizziert Ellison die Mechanismen der sozialen Unsichtbarkeit für Schwarze in Amerika. Er beschreibt, wie deformierte soziale Wahrnehmung Fakten schafft und zur Missachtung von Menschen führt. Der schwarze Protagonist in Ellisons Roman erklärt das als »die Folge einer eigenartigen Anlage der Augen derer, mit denen ich in Berührung komme, des Baus ihrer *inneren* Augen, jener Augen, mit denen sie durch ihr körperliches Auge die Wirklichkeit sehen.«[67] Das äußere und das innere Auge hängen zusammen, wenn wir einen Gesamteindruck von der Welt und unserem Leben darin bekommen wollen. Und wenn sie nicht recht aufeinander abgestimmt sind, dann kann es bewusste oder unbewusste Fehlwahrnehmungen mit sehr realen Folgen geben. Bei der Rassentrennung waren es die sozialkulturellen Umstände, die zu falschem Sehen, also zur Missachtung von Menschen, geführt haben. In unserer Zeit sind es die technologischen Fortschritte, die das innere Sehen erschweren, weil wir schon mit unseren äußeren Augen nicht mehr alles beobachten und wahrnehmen können. Nur wissen wir das nicht. »We found eyes, but there are no faces left.«

6. AUFFORDERUNG ZUM SUBVERSIVEN BLICK

Es mag für eine Weile schön sein, wie das kleine Gespenst durch die Welt zu huschen, unsichtbar für alle anderen zu sein und sich sogar einen Moment lang vor sich selbst verstecken zu können. Aber uns als Menschen, als Individuen, als sozialen und für die Freiheit geschaffenen Wesen tut das nicht gut. Wir müssen ab und an durch den Brunnen in die Kanalisation steigen, um mit der Materie und mit dem Dreck in Berührung zu kommen, der zum Leben gehört. Wir müssen die Welt begreifen, um sie zu verstehen. Und wir müssen den Dreck sehen können, damit andere sich, ja auch wir selbst uns, darüber erschrecken können. Im Unsichtbaren bleibt die Revolution aus. Im Unsichtbaren kann der Transparenztotalitarismus ganze Arbeit leisten. Wir leben dann in der stabilen Leere des markttauglichen Mainstreams. Und wir fühlen uns gut dabei, denn wir sehen nicht mehr, was sonst möglich wäre. Wir sehen auch nicht, dass all das nicht Ergebnis unserer freien Entscheidung ist.

Das Sehen neu zu lernen, mit dem äußeren wie mit dem inneren Auge, das ist die Maßgabe dieser Zeit. Der Schritt, der uns vor dem Verschwinden bewahren kann. Dabei reicht es nicht, einfach hinzuschauen. Denn das, was wir dann sehen, ist nur der obere Ausläufer des Eisbergs, »dessen Spitze keine ausreichende Lokalisierung der unter der Wasseroberfläche liegenden Massen ermöglicht. [...] Das Sichtbare wird nicht nur vorgeschoben vom Unsichtbaren, sondern von diesem übermächtig getragen und ermöglicht.«[68] Wir müssen uns wieder an das Unsichtbare herantasten, um zu verstehen, wie sich das Tragende, die Fundamente unserer Lebenswelt im Digitalen verändern und was das für uns bedeutet. ·

Vielleicht können wir vorgehen, wie es Roberto Bolaño in seinen Erzählungen über das »Geheimnis des Bösen« beschreibt.[69] In einer dieser Geschichten hat der kleine Laurato eine Methode entwickelt, wie er sich einer automatischen Tür nähern kann, ohne dass sie sich öffnet. Der Achtjährige vollzieht eine Zeitlupenbewegung, ohne die Füße vom Boden zu heben oder auch nur eine sichtbare Bewegung zu machen, die man als Anschleichen bezeichnen könnte. Irgendwann steht er vor dem Glas, direkt vor der Tür, die noch immer geschlossen ist. Er legt seine Hände an die Scheiben und spürt das Glas und dass die Tür geschlossen ist. Aber er spürt noch mehr: die Freude über den erbrachten Beweis, dass die Technologie sich austricksen und besiegen lässt. Dass nicht nur die Technik für den Menschen unsichtbar ist, sondern dass der Mensch sich rächen kann, indem auch er sich für die Technik unsichtbar und damit von ihren Mechanismen unabhängig macht.

Und schließlich, so schreibt Bolaño, erbringt Laurato auch einen Gegenbeweis gegen jede Form der göttlichen oder gottgegebenen Vorbestimmung. »If God was omnipresent, automatic doors should always be open. And since they're not, God doesn't exist.«[70] In unserem

Zusammenhang ist damit weniger ein theologischer als ein technologischer Gott gemeint. Es gibt ihn nicht. Er kann nur entstehen, indem wir es zulassen. Aus unserer willentlichen Unterwerfung unter das Gebot der Unsichtbarkeit dessen, was unser Leben bestimmt.

Die Theodizee haben wir hinter uns. Die Technodizee haben wir vor uns. Es wird eine Gestaltungs-, keine Rechtfertigungsaufgabe. Wenn wir es Laurato gleichtun, haben wir die Chance, die Schnittstelle der Transformation vom Analogen ins Digitale zu berühren. Und nichts anderes ist dafür verantwortlich als bei Laurato auch: »aptitude, determination and skill«[71] – Begabung, Entschlossenheit und Befähigung. Wenn wir uns die Mühe machen, uns neu anzuschleichen, ganz langsam, aber beständig, wenn wir den Blick darauf gerichtet halten und den Sensoren der Welterfassung ins Auge sehen, dann kann etwas Gutes geschehen. Dann können wir plötzlich unsere Hände auf die unsichtbaren Grenzen legen und sie neu spüren. Und in diesem Moment verschwindet alles Bedrohliche, Determinierte, Unabwendbare der Technik, und wir spüren: Wir bleiben.

ZITATNACHWEISE

1 The Science of Ghosts:
  http://www.youtube.com/watch?v=0nmu3uwqzbI&

2 Immanuel Kant: »Beantwortung der Frage: Was ist
  Aufklärung?«. In: *Berlinische Monatsschrift*,
  Dezember 1784, S. 481–494.

3 Eric Schmidt & Jared Cohen: *Die Vernetzung der Welt.
  Ein Blick in unsere Zukunft.*
  Reinbek bei Hamburg 2013, S. 27 ff.

4 Zitiert nach Roger Clarke:
  http://www.rogerclarke.com/II/IWtbF.html
  [abgerufen am 21.5.2013].

5 Miriam Meckel: »Abfuhrtermine für
  Informationsmüll. Auf der virtuellen Allmende
  triumphiert der Kommerz«.
  Frankfurter Allgemeine Zeitung vom 5.8.2010, S.33.

6 Howard Rheingold: *The Virtual Community:
  Homesteading on the Electronic Frontier.*
  Cambridge/Mass. 1993.
  Hier zitiert nach der HTML-Version
  http://www.rheingold.com/vc/book/intro.html
  [abgerufen am 21.5.2013].

7 Kevin Kelly: »The new socialism«.
  In: *Wired Online* vom 22.5.2009,
  http://www.wired.com/culture/culturereviews/
  magazine/17-06/nep_newsocialism
  [abgerufen am 22.3.2011].

8 Byung-Chul Han: *Transparenzgesellschaft.*
  Berlin 2012.

9 Collateral Murder:
  http://www.youtube.com/watch?v=5rXPrfnU3G0

10 Slavoj Žižek: »Tact in the Age of Wikileaks«.
    In: *Harper's Magazine*, April 2011, S. 15.

11 James Davis und Miriam Meckel: »Political Power
    and the Requirements of Political Accountability
    in the Age WikiLeaks«. In: *Zeitschrift für Politikwissen-
    schaft* 4/2012, S. 463–491.

12 Zitiert nach der Dokumentation von *Wired Online*:
    http://www.wired.com/threatlevel/2011/07/
    manning-lamo-logs/
    [abgerufen am 21.5.2013].

13 Byung-Chul Han: *Transparenzgesellschaft*.
    Berlin 2012, S. 68.

14 Zitiert nach *BBC News* vom 13.8.2002:
    http://news.bbc.co.uk/2/hi/uk_news/2071496.stm

15 Byung-chul Han, a. a. O., S. 10.

16 Zitiert nach *Facebook Help Centre*:
    http://www.facebook.com/help/contact/?id=
    305593649477238

17 Byung-Chul Han: *Müdigkeitsgesellschaft*.
    Berlin 2010, S. 43 ff.

18 Frank Schirrmacher: »Der Sturz der Babyboomer«.
    In: *Frankfurter Allgemeine Zeitung* vom 19.2.2012.

19 Byung-Chul Han, a. a. O., S. 43 f.

20 Miriam Meckel: *NEXT. Erinnerungen an eine
    Zukunft ohne uns*. Reinbek bei Hamburg 2011.

21 Alfred Korzybski: *Science and sanity*. New York 1933.

22 John Burnside: *In hellen Sommernächten*.
    München 2011, S. 372.

23 a. a. O., S. 373.

24 Zitiert nach Sibylle Lewitscharoff.
    In: *Die Welt* vom 14.7.2011.

25 Ernst Cassirer: »Form und Technik«.
    In: *Gesammelte Werke*. Hrsg. von Birgit Recki.
    Hamburg 1998, S. 150 ff.

26 siehe Anm. 24.

27 Ulrike Landfester: *Stichworte. Tätowierung und europäische Schriftkultur.* Berlin 2012.

28 Vilém Flusser: »Die kodifizierte Welt« [franz. orig. 1978]. In: *Medienkultur.* Hrsg. von Stefan Bollmann. Frankfurt/Main 1997, S. 21–28.

29 Mitchell, William JT. »Der Pictorial Turn«. In: Christian Kravagna (Hrsg.): *Privileg Blick. Kritik der visuellen Kultur.* Berlin 1997, S. 15–40.

30 David Gelernter: »The End of the Web, Search, and Computers as we know it«. In: *Wired Online* vom 2.1.2013, http://www.wired.com/opinion/2013/02/the-end-of-the-web-computers-and-search-as-we-know-it/ [abgerufen am 2.1.2013].

31 Eric Schmidt und Jared Cohen: *Die Vernetzung der Welt. Ein Blick in unsere Zukunft.* Reinbek bei Hamburg 2013, S. 60.

32 Zitiert nach *Science Philosophy Chat Forum* vom 23.12.2012: http://www.sciencechatforum.com/viewtopic.php?f=82&t=23768 [Übersetzung MM].

33 Amartya Sen: *Identity and Violence: The Illusion of Destiny.* New York 2007.

34 Miriam Meckel: »Weltkurzsichtigkeit. Wie der Zufall aus unserem digitalen Leben verschwindet«. In: *Der Spiegel* vom 18.9.2011, S. 120–121.

35 Eli Pariser: *The Filter Bubble. What the Internet Is Hiding From You.* New York 2011.

36 Cass Sunstein: *Republic 2.0.* Princeton 2009.

37 Robert K. Merton und Elinor Barber: *The Travels and Adventures of Serendipity: A Study in Sociological Semantics and the Sociology of Science.* Princeton 2006.

38 Zitiert nach *Business Insider* vom 04.10.2010:
http://www.businessinsider.com/eric-schmidt-
we-know-where-you-are-we-know-where-youve-been-
we-can-more-or-less-know-what-youre-thinking-
about-2010-10 [Übersetzung MM].

39 Claire Cain Miller: »Google Introduces New
Search Tools to Try to Read Our Minds«.
In: *New York Times* vom 15.5.2013,
http://bits.blogs.nytimes.com/2013/05/15/google-
introduces-new-search-tools-to-try-to-read-our-minds/
[Übersetzung MM].

40 Zitiert nach *Business Insider* vom 26.1.2011:
http://www.businessinsider.com/demand-
media-ipo-2011-1 [Übersetzung MM].

41 Evgeny Morozov: »A Robot Stole My Pulitzer«.
In: *Slate* vom 19.3.2012, http://www.slate.com/
articles/technology/future_tense/2012/03/narrative_
science_robot_journalists_customized_news_and_
the_danger_to_civil_discourse_.html
[abgerufen am 21.3.2012].

42 Zitiert nach *That's Mathematics!* vom 14.9.2012:
http://thatsmathematics.com/blog/archives/102

43 Joe Fassler: »Can the Computers at Narrative Science
Replace Paid Writers?«. In: *The Atlantic* vom April
2012, http://www.theatlantic.com/entertainment/
archive/2012/04/can-the-computers-at-narrative-
science-replace-paid-writers/255631/
[abgerufen am 22.4.2013].

44 Hugh Louch: »Personal network integration:
transitivity and homophily in strong-tie relations«.
In: *Social Networks* 1/2000, S. 45–64.

45 Matthew Moore: »Gay men, can be identified by their
Facebook friends«. In: *The Telegraph* vom 21.9.2009,
http://www.telegraph.co.uk/technology/facebook/6213590/
Gay-men-can-be-identified-by-their-Facebook-friends.html

46 Viktor Mayer-Schönberger: *Delete. The Virtue of Forgetting in the Digital Age.* Princeton 2009.

47 Jonathan Zittrain: *The Future of the Internet and How to Stop it.* New Haven, London 2008, S. 228 f.

48 Jeremy Bentham: »Panopticon«. In: Miran Bozovic (Hrsg.): *The Panopticon Writings.* London 1995, S. 29–95.

49 Michel Foucault: *Überwachen und Strafen. Die Geburt des Gefängnisses.* Frankfurt/Main 1994.

50 Zitiert nach *PolicyMic* 2013: http://www.policymic.com/aticles/29585/3-new-ways-google-glass-invades-your-privacy [abgerufen am 21.5.2013].

51 *IBM Research Blog* am 19.12.2011, http://ibmresearchnews.blogspot.co.at/2011/12/mind-reading-is-no-longer-science.html [Übersetzung MM].

52 siehe Anm. 38.

53 Helmut Dubiel: *Tief im Hirn.* München 2006, S. 125 ff.

54 Alison Abbott: »Mind-controlled robot arms show promise«. In: *Nature* vom 16.5.2012, http://www.nature.com/news/mind-controlled-robot-arms-show-promise-1.10652

55 siehe Anm. 51.

56 Timothy Hay: »Mind-Controlled Videogames Become Reality« In: *The Wall Street Journal* vom 29.5.2012, http://online.wsj.com/article/SB10001424052702304707604577426251091339254.html#

57 Chris Löwer: »Die unsichbare Hand der Gedanken« In: *Handelsblatt* vom 27.7.2009, http://www.handelsblatt.com/technologie/forschung-medizin/forschung-innovation/hirn-computer-schnittstelle-die-unsichtbare-hand-der-gedanken/3227306.html

58 Greg Miller: »Rodent Mind Meld: Scientists Wire
   Two Rats' Brains Together« In: *Wired Online*
   vom 28.2.2013, http://www.wired.com/wiredscience/
   2013/02/rodent-mind-meld/

59 Camille Bautista: »Researchers Replace Passwords
   With Mind-Reading Passthoughts«
   In: *Mashable* vom 9.4.2013, http://mashable.
   com/2013/04/09/passwords-thoughts/

60 *Gizmodo* vom 23.10.2012, http://gizmodo.com/
   5954372/the-25-most-popular-passwords-of-2012

61 Marlene Streeruwitz: *Die Schmerzmacherin*.
   Frankfurt/Main 2011, S. 257.

62 »March of the robots« In: *The Economist, Technology
   Quaterly* Q2 vom 2.06.2012, http://www.economist.
   com/node/21556103 [abgerufen am 2.06.2012].

63 Aussagen eines Augenzeugen nach einem
   Drohnenangriff in der jemenitischen
   Hauptstadt Sana, zitiert nach *New York Times*
   vom 5.2.2013.

64 Robert F. Worth, Mark Mazetti und Scott Shane:
   »Drone Strikes' Risks to Get Rare Moment in
   the Public Eye« In: *New York Times* vom 5.2.2013:
   http://www.nytimes.com/2013/02/06/world/
   middleeast/with-brennan-pick-a-light-on-drone-
   strikes-hazards.html?pagewanted=all
   [abgerufen am 6.2.2013].

65 Gregory Bateson: *Steps to an Ecology of Mind.
   Collected Essays in Anthropology, Psychiatry,
   Ecolution and Epistemology*. Chicago 1972, S. 448ff.

66 Axel Honneth: »Unsichtbarkeit. Über die moralische
   Epistemologie von ›Anerkennung‹«. In: ders.:
   Stationen einer Theorie der Subjektivität.
   Frankfurt/Main 2003.

67 Ralph Ellison: *Der unsichtbare Mann*.
   Reinbek bei Hamburg 1995, S. 7.

68 Hans Blumenberg: »Die unsichtbaren sechs Siebtel.
    Über den Eisberg als Metapher«.
    In: *NZZ* vom 14. 4. 2012, S. 58.

69 Roberto Bolaño: »I can't read«.
    In: *Harper's Magazine* vom April 2012, S. 18-21.

70 a. a. O., S. 62.

71 a. a. O., S. 63.

Copyright © 2013 by Kein & Aber AG Zürich – Berlin
Druck und Bindung: Kösel GmbH, Krugzell
ISBN 978-3-0369-5652-7
Auch als eBook erhältlich

www.keinundaber.ch

INTELLIGENT LEBEN
Die neue Essay-Reihe bei Kein & Aber

INTELLIGENT LEBEN # 1
PHILIPP TINGLER
WIE FREI SIND WIR NOCH?

Philipp Tingler fordert in seinem
Plädoyer die Rückbesinnung
auf die klassischen Tugenden des
Liberalismus und kämpft für
die Freiheit und das autonome
Handeln des Einzelnen.

ISBN 978-3-0369-5658-9
auch als eBook erhältlich

INTELLIGENT LEBEN # 2
ARNO FRANK
MEUTE MIT MEINUNG

In seinem kritischen Essay über
Shitstorms, Flashmobs und andere
Phänomene der digitalen Meute
wagt Arno Frank die Theorie einer
Verdummung der aktiven Netz-
gemeinde.

ISBN 978-3-0369-5654-1
auch als eBook erhältlich